Ronny Kamrath

Als das Christentum überlebte:

Zur Christenpolitik Roms im 3. Jahrhundert

D1730590

„Et proconsul dixit: ‚Iusserunt te sacratissimi imperatores Caeremoniari'.

Sanctus Cyprianus respondit : ‚Non facio'.

Galerius Maximus proconsul dixit : ‚Consule tibi.'

Cyprianus episcopus respondit : ‚Fac quod tibi praeceptum est.“

„Der Prokonsul sagte: ‚Die verehrungswürdigen Kaiser haben dir befohlen zu opfern.'

Der heilige Cyprian antwortete: ‚Das tue ich nicht.'

Der Prokonsul Galerius Maximus sagte: ‚Überlege es dir.'

Der Bischof Cyprian antwortete: ‚Tue, was man dir befohlen hat.“

(aus der prokonsularischen Akte des Heiligen Bischof
Cyprian von Karthago 1-5, 251 n. Chr.)

Ronny Kamrath

Als das Christentum überlebte:

Zur Christenpolitik

Roms im 3. Jahrhundert

Inhalt

I. Einleitung: Widersprüchliche Tradition?

Das religiöse Leben im Römischen Reich war durch ein synkretistisches Nebeneinander staatlicher und individueller Kulte unterschiedlicher Herkunft und Bedeutung geprägt. In den ersten vier Jahrhunderten seines Bestehens gelang es dem Christentum, sich von einer unbedeutenden Gruppe zu einer mächtigen und gut organisierten Religionsgemeinschaft zu entwickeln und sich gegen alle anderen Religionen als die allein zugelassene durchzusetzen.

Bis zur Mitte des 3. Jahrhunderts hatte das Christentum zwar den Status einer *religio illicita*, einer unerlaubten Religion, und erweckte seiner unbekannten Kultriten wegen Argwohn und Feindseligkeit in der Bevölkerung, war aber nicht Gegenstand einer staatlich organisierten Verfolgung. Damit war es de facto toleriert, konnte sich kontinuierlich weiter ausbreiten und organisatorisch konsolidieren. Die Auseinandersetzung zwischen den Anhängern der alten römischen Tradition und den Christen fand seit dem Ende des 2. Jahrhunderts auch auf literarischer Ebene statt. Christliche Apologeten verteidigten ihre Religion mit theologisch-religiösen Argumenten gegen die Anschuldigungen, welche die pagane Seite immer wieder vorbrachte und deren üble Verdächtigungen sich bis ins 3. Jahrhundert hinein kanonisierten. Dabei bildete sich ein festes Repertoire von Argumenten heraus, das im Wesentlichen gleich blieb und sich den wandelnden Verhältnissen zwischen dem Christentum und seiner Umgebung anpasste.

In den rund zehn Jahren zwischen 249-262 n. Chr. geriet das Christentum im Römischen Reich unter den Kaisern Decius und Varlerian in Bedrängnis. Der römische Staat und das Christentum traten in einen schweren Konflikt: Kaiser Decius forderte im Jahre 249 n. Chr. in einem

Edikt von allen Reichsbürgern ein Opfer sowie ein Gebet für die altrömischen Götter. Er traf dabei auf Christen, die sich weigerten, seiner Aufforderung nachzukommen. Die Ablehnung des Befohlenen wiederum zog Maßnahmen nach sich, die als „Christenverfolgungen" in die literarisch-christliche Tradition eingingen. Der Konflikt blieb nicht bei Decius stehen, er setzte sich unter Valerian fort, der 257 und 258 n. Chr. gleich zwei Edikte erließ, in deren Folge Christen verbannt und hingerichtet wurden. Schließlich endeten die Maßnahmen im Jahre 262 n. Chr.: Kaiser Gallienus, Valerians Sohn, erließ sein Toleranzedikt und setzte damit der Auseinandersetzung ein Ende.

Der Zeitraum zwischen 249-262 n. Chr., dem sich dieses Buch zuwendet, ist dabei von großer Bedeutung, weil er den schlummernden Konflikt zwischen dem römischen Staat und seinen Christen, der sich aus der Natur der christlichen Vorstellungen ergab, zum ersten Mal in aller Deutlichkeit ans Licht brachte. Die bisherige Beziehung des römischen Staates zum Christentum, die weitgehend von religiöser Toleranz gekennzeichnet war, brach zwangsläufig mit der Verweigerung der Christen auf und zeigte in der Folge des Konflikts die völlige Unvereinbarkeit von römischem Polytheismus und christlich exklusivem Monotheismus. In diesem Zusammenhang klingt es befremdlich, dass erstens das Opferedikt des Kaisers Decius sowie die Maßnahmen Valerians kein Einschreiten explizit gegen den christlichen Glauben darstellen und zweitens, dass sowohl das Opferedikt als auch die Maßnahmen Valerians, oder wie die christliche Seite spricht, dass diese „Christenverfolgung", ein Element war, das die Stärkung des Christentums hervorrief, weil es entscheidend zur Festigung und Einigung der organisierten christlichen Kirche beitrug. Das ist die These, mit der sich dieses Buch auseinandersetzt. Befremdlich klingt diese These deshalb, da sie mit dem flüchtigen Blick auf die christliche Beurteilung des Zeitraumes, die fest in die christliche Tradition einging, nicht in Einklang zu bringen ist. Es schreibt Laktanz in seiner Schrift *de mortibus persecutorum*:

„Es erschien nämlich nach sehr vielen Jahren ein fluchwürdiges Ungeheuer namens Decius, um die Kirche zu peinigen; denn wer außer einem Bösewicht sollte wohl die Gerechtigkeit verfolgen?" [1]

Kaiser Decius, so Laktanz, sei ein fluchwürdiges Tier, *exsecrabile animal*, das die christliche Kirche verfolgte. Ein fluchwürdiges Tier? Fluchwürdig ist der Kaiser allein durch die Tatsache, dass er ein *malus*, ein Bösewicht, ist, der er wiederum sein muss, weil er schließlich die Gerechtigkeit verfolgte. Die christliche Kirche also wird der Gerechtigkeit unbedingt gleichgesetzt. Laktanz verzichtet darauf, weitere Eigenschaften des Kaisers zu nennen, die zu dieser Wertung beitragen könnten. Ein Bösewicht ist, wer die Kirche verfolgt, mehr bedarf es nicht. Ein fluchwürdiges Tier?

Decius wird nicht als Mensch vorgestellt. Er ist etwas anderes als ein Mensch, denn Menschen werden geboren, leben in dieser Welt, werden möglicherweise Kaiser, machen Erfahrungen und pflegen Pläne zu schmieden, die entweder richtig oder falsch, vielleicht nötig oder unangemessen sein können. Anders aber Decius. *„Decius extitit..."* – Decius erschien! Und spätestens an dieser Textstelle muss der Leser aufmerk-

---

[1] Lact. de mort. 4,1-3: *„Extitit enim post annos plurimos exsecrabile animal Decius, qui vexaret ecclesiam; quis enim iustitiam nisi malus persequatur."*

3

sam werden: Die Wahl dieser Formulierung des Erscheinens des Kaisers, der *„vexaret ecclesiam"*, die Kirche hatte peinigen wollen, zeigt deutlich, wie Decius gesehen wird: Er ist keine römische Herrscherpersönlichkeit, deren Entscheidungen in den Trubel der Ereignisse um die Mitte des 3. Jahrhunderts eingebettet sind. Laktanz' Formulierung – *„Decius extitit"* – legt die Deutung nahe, dass der christliche Autor den Kaiser mit seiner ihm zugesprochenen Eigenschaft, fluchwürdig zu sein, zum Bestandteil der christlichen Heilsgeschichte macht: Decius kam in der Heilsgeschichte als Werkzeug des Teufels zum Vorschein und damit als eine zu überwindende und schließlich zu Laktanz' Zeiten bereits überwundene Prüfung der Christenheit, die bis zur Wiederkunft Christi, bis zum Jüngsten Gericht andauert. Und es bleibt nicht bei diesen Behauptungen, Laktanz wird genauer:

„Und wie wenn er gerade deswegen zur Kaiserwürde aufgestiegen wäre, begann er sofort gegen Gott zu wüten, um binnen kurzem unterzugehen. Denn auf dem Marsch gegen die Karper, die damals Dakien und Moesien besetzt hatten, wurde er sogleich von Barbaren umzingelt und zusammen mit einem großen Teil des Heeres vernichtet. Nicht einmal die Ehre einer Bestattung konnte ihm gewährt werden, sondern beraubt und nackt, wie es sich für einen Feind Gottes gebührte, blieb seine Leiche den wilden Tieren und Vögeln zum Fraße liegen."

Laktanz argumentiert im Stillen: Das sichtbare Zeichen der Ehrlosigkeit in seiner antichristlichen Absicht, sei der schnelle, unehrenhafte Tod.[2]

---

[2] Decius war der erste römische Kaiser, der auf dem Schlachtfeld fiel. Nicht bestattet zu werden, Tieren zum Fraß zu dienen und damit ein

Der Beweis für das Christenverfolger-Sein, d.h. für die Absicht, gegen die christliche Kirche vorgehen zu wollen, ist quasi diese sichtbare Art des Todes. Christenverfolger sterben schnell, ehrlos und schlimm. Das Christenverfolger-Sein und der ehrlose Tod sind bei Laktanz kausal verbunden. Und tatsächlich legt das Studium der Schrift *de mortibus persecutorum* ihren Kerngedanken schnell offen: Alle Christenverfolger seien eines schrecklichen Todes gestorben. Wer also gegen die christliche Kirche und damit gegen Gott gekämpft hat, wurde mit diesem sichtbaren Zeichen, dem ruhmlosen Tod, bestraft. Gott lässt seine Feinde demnach erst gewähren, um dann ein Exempel an ihnen zu statuieren[3]. Auch Valerian reiht sich in das Schema ein. Laktanz:

„Nicht lange danach wurde auch Valerian von einer ähnlichen Raserei ergriffen und streckte seine ruchlosen Hände gegen Gott aus und ließ in sehr kurzer Zeit viel gerechtes Blut fließen. Aber Gott bedachte ihn mit einer neuen und absonderlichen Art der Bestrafung, die späteren Generationen ein Beispiel sein sollte, dass Feinde Gottes immer den gebührenden Lohn für ihre Verbrechen erhalten.
Valerian wurde von den Persern gefangen genommen... [und] nachdem er sein schändliches Leben in solcher Schmach beendet hatte, zog man ihm die Haut ab und tränkte sie, nachdem sie vom Fleisch gelöst worden war, mit roter Farbe, um sie im Tempel der barbarischen Götter zum Andenken an den berühmtesten Triumph niederzulegen."[4]

Weiterleben nach dem Tode in jedem Falle auszuschließen, war den antiken Menschen eine unerträgliche Vorstellung.
[3] Lact. de mort. 1,7.
[4] Ebd. 5.

Auch Valerian, der *„seine ruchlosen Hände gegen Gott"* ausstreckte, stirbt also eines schrecklichen Todes. Laktanz legt sich mit seiner Behauptung, dass an das Christenverfolger-Sein der schnelle, ehrlose und schlimme Tod kausal gebunden ist, fest: Es darf keinen Christenverfolger geben, der nicht ehrlos gestorben ist. In diesem Zusammenhang ist Folgendes interessant: Kaiser Trebonianus Gallus, der zwischen den beiden Kaisern Decius und Valerian im Jahr 251 n. Chr. regierte, wird vom Bischof Dionysius von Alexandrien, einem Zeitzeugen, deutlich als Christenverfolger dargestellt:

„Aber auch Gallus erkannte nicht die Schuld des Decius und bedachte nicht, was jenen zu Fall gebracht hatte. Er stieß an denselben Stein an, den er doch hätte sehen müssen. Denn während seine Regierung glücklich war und alles nach Wunsch verlief, verbannte er die heiligen Männer, welche für seinen Frieden und sein Wohlergehen zu Gott beteten. Er verfolgte also mit diesen Männern auch Gebete, welche für ihn dargebracht wurden."[5]

Laktanz aber erwähnt Gallus nicht einmal und das mag an der Todesart des Kaisers liegen, der, wie ein heidnischer Zeuge viel später berichtet, von den eigenen Soldaten unspektakulär umgebracht wurde.[6] Gallus, obgleich von einem christlichen Zeitzeugen als Christenverfolger eingestuft, passt offenbar nicht in das Schema des Laktanz'. Dass Laktanz aber davon, dass Gallus auch zu seiner Zeit als Christenverfolger gesehen wurde, nichts gewusst haben mag, ist unwahrscheinlich, schließlich

---

[5] Dion. in Eus. HE VII 1.
[6] Zos. I 24-28.

überliefert Euseb, Bischof von Caesarea und Zeitgenosse des Laktanz', die Anschuldigung des Dionysius in seiner Kirchengeschichte.

Laktanz' Vorgehen gleicht eben der Art vieler römischer Historiographen, für deren Arbeitsweise bezeichnend ist, dass sie nicht *„die Fakten darstellten und versuchten aus ihnen allgemeine oder spezielle Erkenntnisse zu gewinnen, sondern gerade umgekehrt von bestimmten Leitgedanken ausgingen und an ihnen die Fakten letztlich ausrichteten."* [7]

Diese Arbeitsweise und darüber hinaus die deutliche Parteinahme für die Christen und vor allem die Zeit der Abfassung wecken Zweifel an der Richtigkeit der Aussagen über die Motive der Kaiser Decius und Valerian.

Laktanz schrieb in den Jahren 313 – 316 n. Chr., in konstantinischer Zeit, in der das Christentum seit der Mailänder Vereinbarung 313 n. Chr. eine *religio licita*, eine erlaubte Religion, neben den anderen war, und er stellte die Geschichte in den Dienst der Verteidigung des Christentums. Darüber hinaus stehen der christlichen Darstellung des Decius auch noch heidnische Zeugnisse gegenüber, die den „malus" Decius geradezu loben. Der syrische Heide Zosimus beispielsweise charakterisiert Decius in seiner Geschichtsschreibung um 500 n. Chr. als einen Menschen, der *„durch Vorzüge jeder Art hervortrat."* [8] Schon dieser Widerspruch in den beiden Quellen reizt zur Kritik auch der anderen Zeugnisse, die den Zeitraum der Konfrontation zwischen dem römischen Staat und seinen Christen, d. h. die Christenpolitik Roms und die Reaktion der Christen in der Mitte des 3. Jahrhunderts ausleuchten.

---

[7] Städele, A., Laktanz, de mortibus persecutorum, übersetzt und eingeleitet von A. Städele, Fontes Christiani, Bd. 43, Turnhout 2003, S. 33.
[8] Zos. I 21,1.

Die oben genannte These soll dem Buch vorangestellt und durch die bereitstehenden Quellen überprüft werden. Wenn sie mit dem angegebenen Quellenmaterial in Einklang zu bringen ist, zeigt sich eine Sichtweise auf die Ereignisse dieser Zeit, die Laktanz' Ansichten ersetzen und womöglich das Handeln des römischen Staates besser erklären können. Es bleiben die Fragen: Ist die Darstellung der kaiserlichen Absichten bei Laktanz und anderen christlichen Quellen gleicher Färbung gerechtfertigt? Wollte Kaiser Decius mit seinem Opferedikt die *„christliche Kirche peinigen"*, d.h. der christlichen Gemeinschaft schaden, den christlichen Glauben bekämpfen? Und sein Nachfolger Valerian? Nach Laktanz wurde er ebenso *„von einer ähnlichen Raserei ergriffen und streckte seine Hände gegen Gott aus."*[9] Hatte der römische Staat auch unter Valerian ein Interesse an der Verfolgung der Christen? Anders gefragt: War die Religionspolitik Roms in der Mitte des 3. Jahrhunderts explizit gegen das Christentum, gegen den christlichen Glauben gerichtet? Und wenn nicht? Wie kam dann der Konflikt, der zweifellos viele Todesopfer seitens der Christen forderte, zustande? Diese Fragen sind einer Untersuchung wert. Die Bedingung, dass sich weitere heidnische Quellen den christlichen Zeugnissen entgegenstellen lassen und so die christlichen Aussagen relativiert werden können, ist gegeben. Die Vermutung, dass erstens das Opferedikt des Kaiser Decius und die Maßnahmen Valerians kein Einschreiten explizit gegen den christlichen Glauben darstellen und zweitens, dass sowohl das Opferedikt des Decius als auch die Maßnahmen Valerians die Stärkung des Christentums hervorriefen, weil sie entscheidend zur Festigung und Einigung der organisierten Kirche beitrugen, muss sich an den Quellen bewähren.

---

[9] Lact. de mort. 5,1.

Decius

Collezione Albani, MC 482, Kapitolinische Museen, Rom.

Gaius Messius Quintus Traianus Decius (zw. 190 und 200 – 251 n. Chr.) blickte bereits auf eine senatorische Karriere zurück und diente unter dem Soldaten- kaiser Phillipus Arab. Seine militärischen Erfolge unter Arab führten dazu, dass ihn seine Truppen im Juni 249 n. Chr. in *Viminacium* zum römischen Kaiser erhoben. Decius erließ ein reichsweites Edikt, das alle Einwohner des Imperi- um Romanum zwang, den römischen Göttern und dem Kaiser zu opfern.

I./1. Der römische Staat und die Christen in der Forschung

Die geographische und soziale Ausbreitung der christlichen Gemeinschaft ist für die Bewertung des Ausmaßes des Konflikts zwischen den christlichen Gemeinden und dem römischen Staat von großer Bedeutung. Die geographische und soziale Ausbreitung in monumentalem Überblick bearbeitete Adolf von Harnack **1924** in seinem Werk *„Mission und Ausbreitung des Christentums in den ersten drei Jahrhunderten"*. Der Verfasser versucht, den Siegeszug der christlichen Kirche aus dem Wesen des Christentums heraus zu erklären. Die dabei für die Ausbreitung wesentlichen theologischen Aspekte sind die geistige Verehrung eines Gottes, die an die ewigen Werte gebundene Ethik und das Fortleben des Gottmenschen Jesus Christus sowie zwei rein historische Aspekte, nämlich die Schlussentwicklung der jüdischen Religion und die Vollendung des orientalisch – griechischen Synkretismus.

Zur Überlagerung der traditionellen römischen Religion, die in der Religionspolitik des Decius und des Valerian deutlich eine Rolle spielt, ist das Verständnis der orientalischen Kulte wichtig. Zu diesen Kulten bzw. zu den religiösen Vorstellungen aus dem Osten berichtet Franz Cumont **1931** in der Schrift *„Die orientalischen Religionen im römischen Heidentum"*.

Ebenso wie Harnack schildert Hans Lietzmann **1953** in seiner *„Geschichte der alten Kirche"* detailliert die Ausbreitung des Christentums vom Erscheinen Jesu Christi an bis zur Regierungszeit des Kaisers Theodosius, d.h. bis zur religiösen Alleinherrschaft des Christentums. Dargestellt wird die Besonderheit des Christentums in der spätantiken Kultur-, Geistes- und Wirtschaftsgeschichte.

Die juristische Seite der Christenpolitik Roms, genauer gesagt, die Rechtslage der Christen, wird im Jahre *1954* in einem Lexikonartikel von Hughes Last in *„Christenverfolgung II (juristisch)" im Reallexikon für Antike und Christentum, RAC II*, aufgegriffen und näher untersucht. Seine Arbeit widmet sich den Bedingungen, den notwendig kriminellen Tatbeständen, für die Verurteilung von Christen.

Zu den Christenverfolgungen des 2. und 3. Jahrhunderts arbeitete *1954* ebenfalls Joseph Vogt. Ohne Thesen zu vertreten, behandelt er die Problematik in *„Christenverfolgung I (historisch) im RAC II*, wobei er auf eine Kritik der Forschung nicht verzichtet.

In zusammengefasster Form stellte **1954** Bernhard Kötting die Ausbreitung des Christentums in *„Christentum I (Ausbreitung)", im RAC II*, dar.

Zur Religionspolitik des Kaisers Decius gibt Karl Gross **1957** in *„Decius", RAC III*, Auskunft und verarbeitet die Fakten der Regierungszeit in einem Lexikonartikel, die ältere Literatur dabei einbindend.

Besonders hervorzuheben ist die Arbeit um die rechtliche Lage der Christen Antonie Wlosoks von **1959** *„Die Rechtsgrundlagen der Christenverfolgungen der ersten zwei Jahrhunderte"*. Ihre Untersuchung fahndet erfolglos nach einer gesetzlich prinzipiellen Regelung in der Christenfrage vor Decius.

1961 arbeitete Leo Koep zur Unvereinbarkeit zwischen dem christlichen Glauben und dem vom römischen Staat geforderten Kaiserkult. Seine Arbeit *„Antikes Kaisertum und Christusbekenntnis im Widerspruch"* beschäftigt sich mit den theologischen Grundlegungen des christlichen Glaubens in der Bibel, die zum besseren Verständnis der Gegensätzlichkeit zwischen Staat und Christenheit beitragen.

Den Versuch, den Konflikt zwischen Christen und Staatsmacht nicht nur von Recht und Staatsgewalt oder von politischen Machtkämpfen her zu begreifen, sondern mit dem traditionellen römischen Glauben und Glaubenswandel zu verstehen, unternahm Joseph Vogt im Jahre **1962** in der knappen Arbeit *„Zur Religiosität der Christenverfolger im Römischen Reich"* und erklärt die Opferforderung als Maßnahme zur Restauration einer ausgehöhlten römischen Religion.

1971 schrieb Jacques Moreau eine Darstellung des Konflikts zwischen Staat und christlicher Kirche bis zur konstantinischen Wende. In der Arbeit *„Die Christenverfolgung im Römischen Reich"* zeichnet Moreau das Bild einer Entwicklung der Auseinandersetzung zwischen einem mächtigen Staat und einer schwachen Religion, die später erstarken und am Ende als fruchtbarste und angesehenste Macht siegen wird.

Eine Darstellung zur Regierung des Kaisers Gallienus lieferte Eugenio Manni in einem Lexikonartikel in *„Gallienus"*, RAC VIII, im Jahre **1972**. Speziell zur christenpolitischen Maßnahme unter dem Blickwinkel der Zusammenarbeit zwischen der christlich alexandrinischen Gemeinde und dem Kaiser Gallienus arbeitete Carl Andresen in dem Aufsatz *„Der Erlass des Gallienus an die Bischöfe Ägyptens"* im Jahr **1975**.

Henneke Gülzow bearbeitete im gleichen Jahr, **1975**, in *„Cyprian und Novatian. Der Briefwechsel zwischen den Gemeinden in Rom und Karthago zur Zeit der Verfolgung des Kaisers Decius"* die innerkirchlichen Probleme, aber auch Chancen, die sich aus der Christenpolitik der Kaiser Decius und Valerian für die christliche Kirche ergaben.

Den Versuch, die Christenverfolgungen einseitig aus der Perspektive des römischen Staates zu betrachten, unternahm Joachim Molthagen im Jahre **1975**. In der Schrift *„Der römische Staat und die Christen im zwei-*

ten und dritten Jahrhundert", untersucht Molthagen, welche Maßnahmen von den römischen Kaisern ergriffen worden sind, welche Motive die Kaiser gehabt und welche Ziele sie dabei verfolgt haben. Das Hauptgewicht liegt in der Darstellung der Ereignisse im 3. Jahrhundert, aber auch die Rechtslage der Christen im 2. Jahrhundert und die Lage der Kirche in der ersten Hälfte des 3. Jahrhunderts sind Schwerpunkte der Arbeit.

Kurt Latte beschäftigt sich in seinem Aufsatz *„Gottesvorstellung"* aus dem Jahre **1976** eingehend mit dem Wesen der traditionellen römischen Religion.

Auch die Interpretation einiger Inschriften dient zum besseren Verständnis der Auseinandersetzung des Christentums mit dem römischen Staat und seinen Interessen, so bespricht Geza Alföldi in dem Aufsatz *„Römische Statuen in Venetia et Histria"* aus dem Jahre **1984** Inschriften, die neben anderen auch die Religionspolitik des Kaiser Decius näher beleuchten.

Revidierte Angaben zum Anteil der Christen in der Reichbevölkerung gab **1984** Ramsay MacMullen in *„Christianizing the Roman Empire (A.D. 100-400)"*

Zu den Motiven der Edikte des Kaisers Valerian dagegen arbeitet **1989** *Karl-Heinz Schwarte* in der Schrift *„Die Christengesetze Valerians"*.

Für das Verständnis der christlichen Religion, besonders des frühen Christentums, ist die Lektüre von Hans Conzelmanns und Andreas Lindemanns *„Arbeitsbuch zum Neuen Testament"* aus dem Jahre **1991** unverzichtbar.

Eindringlich und unter Erweiterung der Quellenbasis durch neu hinzugezogene Quellen offiziellen Charakters, d.h. durch Papyri und Inschriften, beschäftigte sich Reinhard Selinger **1994** in seiner Monographie *„Die Religionspolitik des Kaisers Decius. Anatomie einer Christenverfolgung"* mit dem Opferedikt des Kaisers sowie seiner religionspolitischen Motivation.

Neuere Angaben zur Ausbreitung der Christen lieferte **1996** Rodney Stark in *„The Rise of Chrsitianity, A Sociologist Reconsiders History"*.

Einen die Forschungsergebnisse zusammenfassenden Überblick über die Entwicklung des Christentums von der Erscheinung Jesu Christi an bis in die Zeit der ersten Verfolgungen gibt Band I des Werkes *„Die Geschichte des Christentums"*, *„Die Zeit des Anfangs (bis 250)"* aus dem Jahre **2003**, das von Luce Pietri herausgegeben wurde.

Im Jahre **2006** erschien der Sammelband „Deleto paene imperio Romano. Transformationsprozesse des Römischen Reiches im 3.Jahrhundert und ihre Rezeption in der Neuzeit", den Klaus-Peter Johne, Thomas Gerhardt sowie Udo Hertmann herausgegeben haben und der u.a. Ulrich Huttner zu Wort kommen lässt, der in *„Zwischen Traditionalismus und Totalitarismus, Zur Ideologie und Praxis der Regierung des Kaisers Decius"* den Versuch unternimmt, den Kaiser angesichts seiner Herkunft und seiner Regierungspraxis als römisch – senatorischen Traditionalisten zu beschreiben. Interessant in diesem Sammelband sind ebenso die Gedanken Bruno Bleckmanns, der die Motive zum decischen Christenedikt neu überdenkt. In demselben Band erschien auch Thorsten Flecks Aufsatz *„Isis, Sarapis, Mithras und die Ausbreitung des Christentums im 3. Jahrhundert"*, darin er die Besonderheiten der neuen orientalischen Kulte und Mysterien-Religionen detailliert beschreibt und sie darüber hinaus mit der christlichen Religion vergleicht.

Michael Geiger befasste sich **2013** hinsichtlich des Toleranzediktes mit Kaiser Gallienus und hat sowohl mögliche Gründe für den Wandel in der Christenpolitik als auch Argumente für eine neue formale Rechtslage der Christen zusammengestellt.

I./2. Der Begriff „Christenverfolgung

Bei der Untersuchung der Christenpolitik von Decius bis Gallienus ergeben sich Schwierigkeiten mit dem Begriff Christenverfolgung. Zuerst muss der in den antiken Quellen aber auch in der Sekundärliteratur immer wieder auftauchende Begriff Christenverfolgung in seinem Bedeutungsumfang klar werden:

Mit den Christenverfolgungen werden in der heutigen Zeit Ereignisse untersucht, die im Interesse verschiedener wissenschaftlicher Gebiete stehen. Nicht nur die historische Wissenschaft und die Rechtsgeschichte, sondern auch die kirchengeschichtliche Forschung und die heilsgeschichtliche Theologie haben sich mit dem Verhältnis des römischen Staates zum Christentum ausgiebig beschäftigt. Deshalb ist eine Unterscheidung im Bedeutungsgehalt sinnvoll:

I./2.1 Das historisch – wissenschaftliche Verständnis:

Der Begriff Christenverfolgung kennzeichnet im historisch- wissenschaftlichen Sinne staatliche Maßnahmen der Einschränkung, Bestrafung und Unterdrückung, die vom römischen Staat in der Zeit von Nero bis zur diokletianischen Tetrarchie gegen die Christen, d.h. gegen einzelne Personen, Gemeinden oder gegen die Christen in ihrer Gesamtheit

getroffen wurden. Die Bezeichnung dieser Maßnahmen als „Verfolgung"
entspricht dem Urteil der Christen. [10]

Im Zusammenhang mit der Christenpolitik Roms in der ersten Hälfte
des 3. Jahrhunderts stechen aus den zu Rate gezogenen Quellen folgende staatliche Maßnahmen hervor:

1. Das „Übertrittsverbot" des Kaisers Septimius Severus im Jahre 201 n.
Chr. [11]
2. Das „Edikt" des Kaisers Maximinus Thrax im Jahre 235 n. Chr. [12]
3. Das Opferedikt des Decius im Jahre 249 n. Chr. [13]
4. Das „Edikt" des Trebonianus Gallus im Jahre 252 n. Chr. [14]
5. Die Edikte des Kaisers Valerian in den Jahren 257 und 258 n. Chr. [15]
6. Das Toleranzedikt des Kaisers Gallienus im Jahre 260 n. Chr. [16]

I./2.2 Der christlich – heilsgeschichtliche Begriff:

In der Regel umfasst der Begriff „Christenverfolgung" den in Eusebs
Historia Ecclesiastica üblichen Kanon von „Christenverfolgungen" unter
den Kaisern Nero, Domitian, Trajan, Marc Aurel, Septimius Severus,

---

[10] Vogt, J., „Christenverfolgung I (historisch)", RAC 2, 1954, S. 1159.
[11] HA Sept. Sev. 17,1; Cypr. epist. 75,10.
[12] Eus. HE VI 28.
[13] Dion. in Eus. HE VI 40,2.
[14] Ebd, 43,5-22; 46,3; 45.
[15] Lact. de mort. 5; Eus. VII 11,2-1 (1. Edikt); Dion. in Eus. HE VII 10,3;
Cypr. epist. 80 (2. Edikt).
[16] Eus. HE VII 13.

Maximinus Thrax, Decius, Valerian, Aurelian und Diokletian.[17] Deutlich wird der Begriff auch bei Augustinus in seinem Gottesstaat, wo er sagt, *„dass die Kirche bis zur Zeit des Antichrists keine weiteren Verfolgungen zu erleiden habe als jene, welche sie bis jetzt erlitten hat, nämlich zehn....“* [18]. Mit der grundsätzlichen Übernahme der 10 Verfolgungen durch Augustinus geht das Schema der Zehnerzahl in die christliche Tradition ein und wird bis in das 20. Jh. hinein fortgeführt. An den christlich-heilsgeschichtlichen Begriff „Christenverfolgung“ ist ein Werturteil gebunden, das sich mit der Sicht der christlich – antiken Autoren auf die Geschehnisse erklärt. Die Maßnahmen, die das Christentum behinderten oder bekämpften, wurden kaum als soziale, rechtliche oder politische Auseinandersetzung wahrgenommen, sie waren in der Gestalt des jeweiligen Kaisers das Werk des Teufels. So deuteten christliche Autoren die staatlichen Maßnahmen als Angriff auf den gottverehrenden Menschen in der von Gott geschaffenen Welt und damit auf das Gute, Richtige und Gerechte: *„Die Verfolgungen werden nicht nur unter menschlichen Gesichtspunkten betrachtet, sondern sogar auf einer höheren, übernatürlichen Ebene als die notwendige Voraussetzung für das Heil des auserwählten Volkes und der Frommen angesehen.“* [19]

Die christlich antiken Autoren verwenden den Begriff in unterschiedlich qualitativem Umfang. Es ist nicht immer zu ersehen, ob es sich in

---

[17] Die Reihe der Verfolgerkaiser tritt als Schema einer Gliederung erstmals bei Laktanz in seiner Schrift, *de mortibus persecutorum, Über die Todesarten der Verfolger*, zutage.

[18] Aug. civ. XVIII 52: *„...non amplius ecclesiam passuram persecutiones usque ad tempus Antichristi, quam quot iam passa est, id est decem...“*

[19] Moreau, J., Die Christenverfolgung im Römischen Reich, Berlin 1971, S. 14.

der jeweiligen Quelle um die „Verfolgung" einzelner Christen oder der organisierten Kirche handelt.

II. Die Quellenlage für das 3. Jahrhundert

Die Quellenlage ist für die erste Hälfte des 3. Jahrhunderts im Verhältnis zu anderen Epochen schlecht. Es stehen nur wenig literarische Quellen, Inschriften, Papyri und Münzen zur Verfügung. Für die Auseinandersetzung des Christentums mit dem römischen Staat um die Mitte des Jahrhunderts dominieren die christlichen Quellen. Nichtchristliche Quellen, offizielle Zeugnisse seitens des römischen Staates, fehlen fast völlig.

II./1 Literarische Quellen

II./1.1 Die literarisch – nichtchristlichen Quellen

Für die Beurteilung der rechtlichen Lage der Christen im 2. und 3. Jahrhundert n. Chr. im Römischen Reich gibt der Briefwechsel zwischen dem Kaiser Trajan und seinem Statthalter von Bithynien und Pontus, *Plinius*, Aufschluss. In der umfangreichen Briefsammlung des Plinius findet sich ein kaiserliches Antwortschreiben, ein Reskript, aus dem Jahre 112/113 n. Chr., in dem der Kaiser den Umgang mit Christen festlegt. [20]

Für das Verständnis des 3. Jahrhunderts vor allem im religiösen Bereich ist das Geschichtswerk des *Cassius Dio* (*155 in Nikaia in Bithynien- nach 229 n. Chr.) eine Voraussetzung. Es reicht jedoch nur bis in das

---

[20] Plin. epist. X 97.

18

Jahr 229 n. Chr. hinein und ist damit als Quelle für die Ereignisse um die Mitte des 3. Jahrhunderts nur bedingt von Nutzen.

Für weite Teile der Soldatenkaiserzeit ist die **Historia Augusta** die einzig literarische Quelle. Es handelt sich dabei um eine Sammlung von Kaiserbiographien von Hadrian bis Numerian, also von 117-285 n. Chr. Die *Historia Augusta* ist ein Sprachrohr der heidnischen Geschichtsschreibung, in der jedoch die Zeugnisse der Jahre 244-253 n. Chr. verloren sind. Damit fehlt der Forschung die Lebensbeschreibung des Kaisers Decius. In der *vita Valeriani* findet sich nur eine bedingt verwendbare Stelle. Die *Historia Augusta* bereitet zudem große Probleme: Autorenschaft und Entstehungszeit sind ungeklärt. Letztere ist wohl in die 2. Hälfte des 4. Jahrhunderts einzuordnen. Darüber hinaus hatte die *Historia Augusta* das Ziel, zu unterhalten und nicht historische Fakten zu vermitteln, womit sich der hohe Grad an Fiktionalität erklärt. Ihren Restwert aber erhält sie aus denjenigen Quellen, aus denen sie schöpft und die heute verloren sind. Deshalb soll und wird nach einem Abgleich mit anderen Quellen immer noch auf die *Historia Augusta* zurückgegriffen.

Eine der Quellen, die aus der *Historia Augusta* schöpft, ist die in ihren Beschreibungen bis an den Tod Claudius II., d.h. bis an das Jahr 270 n. Chr. heranreichende Chronik des Atheners **Publius Herennius Dexippus** (*ca.210-ca. 273 n. Chr.). Sein Werk ist weitgehend verloren. Einige Fragmente seiner Chronik sind bei byzantinischen Geschichtsschreibern überliefert.

Eine wichtige Quelle zur Beurteilung der Christenpolitik des Kaisers Gallienus ist die Schrift, *vita Plotini, Über Plotins Leben und über die Ordnung seiner Schriften* des aus Tyrus stammenden Griechen **Porphy-**

rios, (*um 234-301/05 n. Chr.), einem Schüler und Biographen des Neuplatonikers Plotin. Sie wurde im Jahre 301 n. Chr. verfasst und stellt die Beziehung des Kaisers Gallienus zu Plotin dar, die wiederum Rückschlüsse auf die Motive der Christenpolitik des Kaisers zulässt.

Eine weitere Quelle für die politischen Ereignisse des Zeitraums von 249-262 n. Chr. ist das Werk des byzantinischen Geschichtsschreibers **Zosimos**.

Der syrische Heide schrieb die *Neue Geschichte* um 500 n. Chr. Er beschreibt darin den Verfall Roms von Augustus an bis in das Jahr 410 n. Chr.

II./1.2 Die literarisch – christlichen Quellen

II./1.2.1 Die christlich – hebräischen Schriften

Alttestamentarische Schriften werden von christlichen Schriftstellern immer wieder zitiert. Einige Textstellen alttestamentarischer Schriften liefern Anhaltspunkte für das bessere Verständnis der Widersprüchlichkeit von christlichen Glaubensinhalten und römischen religiösen Wertvorstellungen. So legen Textstellen im *2. Buch Mose*[21], um 500 v. Chr. von israelitischen Priestern in die Endfassung gebracht, das Verbot der Vielgötterverehrung dar.

II./1.2.2 Die christlich – griechischen Schriften

Aber auch die frühchristlichen Autoren der neutestamentarischen Schriften werden immer wieder zitiert und machen die unterschiedlichen Vorstellungen deutlich. So zeigt sich im *Brief an die Epheser* des

---

[21] Ex 20,23.

Apostel Paulus [22], um 60 n. Chr. verfasst, die heilsgeschichtliche Deutung einer notwendigen und raschen Ausbreitung des christlichen Glaubens.

Des Weiteren legt eine Textstelle im *Evangelium des Markus* [23], um 68 n. Chr. verfasst, eine heilsgeschichtliche Deutung möglicher Ausschreitungen gegen Christen dar und darüber hinaus verdeutlicht das *Evangelium des Matthäus* [24], um 85 n. Chr. geschrieben, die Einstellung der Christen zum römischen Kaiserkult. [25]

Für die Auseinandersetzung des römischen Staates mit dem Christentum in der Provinz Aegyptus um 200 n. Chr. ist die Schrift des *Origines von Alexandrien* (*185-253/4 n. Chr.) *exhortatio ad martyrium* [26] zu beachten.

Eine weitere griechische Quelle sind Aussagen des Bischofs *Dionysius von Alexandrien* (*145-215 n. Chr.). Seine Äußerungen sind nur in Teilen in der *Historia Ecclesiastica* des Euseb erhalten.[27] Dionysius war um 235 n. Chr. in die theologischen Auseinandersetzungen um die Frage der Buße verwickelt.

Als ergiebige Quelle zeigt sich die Kirchengeschichte des Bischofs *Euseb von Caesarea* (*260-340 n. Chr.), die *Historia Ecclesiastica*. Euseb behandelt die Geschichte der frühen Kirche in 10 Büchern. Seine Sicht auf die Ereignisse in der Mitte des 3. Jahrhunderts schildert er im Buch

---

[22] Eph 1,21.
[23] Mk 13,9-13.
[24] Mt 22,17-21.
[25] Die genannten Schriften werden erstmals im griechischen Neuen Testament von Athanasius in seinem *39. Osterbrief* für das Jahr 367 n. Chr. kanonisch angeboten.
[26] Euseb äußert sich über diese Schrift in Eus. HE VI 28.
[27] Eus. HE VII 1-26.

VII. Die ersten 7 Bücher der *Historia Ecclesiastica* sind vor 303 n. Chr., die Bücher 8-10 nach 312 n. Chr. entstanden.

Weitere biographische Daten über Kaiser Decius stellt das Geschichtswerk des **Aurel Victor** aus den 4. Jahrhundert dar. Aurel Victor stammte aus Afrika, wurde 361 n. Chr. consularischer Statthalter in Pannonien, 389 n. Chr. Stadtpraefekt in Rom. Sein Werk wurde auch für die *Historia Augusta* benutzt. Er schöpfte, wie auch die *Historia Augusta*, aus einer gemeinsamen Quelle, die *Enmannsche Kaisergeschichte*[28], die erst im 19. Jahrhundert rekonstruiert wurde.

II./1.2.3 Die christlich – lateinischen Schriften

Eine wichtige Quelle aus der christlich- lateinischen Literatur sind die Schriften des **Quintus Septimius Florens Tertullian** (*um 150/55-um 220 n. Chr.) aus Karthago. Seine Schrift *apologeticum*, um 197 n. Chr. verfasst, gibt, wie die Schrift *ad scapulam,* sowohl für die öffentliche als auch die rechtliche Stellung der Christen in den ersten zwei Dekaden des 3. Jahrhunderts Aufschluss. Tertullian lehnt den Kompromiss mit der heidnischen Welt ab, arbeitet jedoch die grundsätzliche Loyalität der Christen dem Staat und dem Kaiser gegenüber heraus.

Eine weitere wichtige Quelle innerhalb der Gruppe der lateinisch-christlichen Autoren sind die Schriften des Zeitzeugen **Thascius Cae-**

---

[28] Der Name geht auf Alexander Enmann zurück. Enmann machte 1884 eine Untersuchung namens „Eine verlorene Geschichte der römischen Kaiser und das Buch „De viris illustribus urbis Romae". Enmann fand zwischen den Werken der Geschichtsschreiber Aurelius Victor und Eutrop sowie der *Historia Augusta* und der *Epitome de Caesaribus* viele sprachliche und inhaltliche Übereinstimmungen. Die Entstehung der Enmannschen Kaisergeschichte wird heute in die Zeit zwischen 337 – 360 n. Chr. gelegt.

cilius **Cyprian** (*um 200-258 n. Chr.), Bischofs von Karthago. Unter Decius vor der Opferforderung geflüchtet, hat er wie kein anderer christlicher Autor für die Mitte des 3. Jahrhunderts eine große Bedeutung, auch wenn sein Blick auf die Ereignisse der heilsgeschichtlichen Deutung unterliegt und von lokaler Dimension ist. In der Sammlung seiner Briefe, *epistulae*, finden sich Hinweise auf das Denken der christlich- munizipalen Eliten. Daneben stehen die stilisierte Bekehrungsgeschichte *ad Donatum* und das Traktat *ad Demetrianum* mit theologisch- dogmatischem Inhalt. Die bedeutendste Schrift aber im Zusammenhang mit den Auseinandersetzungen innerhalb der Kirche und deren Sonderkirchen ist die Schrift *de ecclesiae catholicae unitate* aus dem Jahre 251 n. Chr. Von gleicher Bedeutung für die Zeit nach dem decischen Opferedikt ist die ebenfalls wahrscheinlich kurz zuvor entstandene Schrift *de lapsis*, in der sich Cyprian für die Wiederaufnahme der in der „Verfolgung" durch den Vollzug des heidnischen Opfers abgefallenen Christen einsetzt und sich gegen die unkontrollierte Vergebungsvollmacht der Bekenner und Märtyrer wehrt.

Als Quelle, die ganz im Sinne der christlichen Heilsgeschichte berichtet, zeigt sich die Schrift *de mortibus persecutorum* des Nordafrikaners **Lucius Caecilius Firmianus Lactantius** (*250/60-325 n. Chr.). Laktanz verfasste sein Werk um 313- 316 n. Chr. und sieht in den Kapiteln IV und V am Hofe Konstantins wirkend rückblickend auf die Ereignisse um die Mitte des 3. Jahrhunderts.

II./1.2.4 Kritik der literarisch – christlichen Quellen

Die literarisch- christlichen Schriften sind als historische Quelle mit Vorsicht zu verarbeiten, denn sie haben eine spezifische Erzählperspektive, eine besondere Erzählabsicht und entstammen einer einmaligen Erzählsituation.

Sie transportieren deshalb wie alle „Tradition" bereits Darstellungen, Wertungen und Interpretationen.

Das **Neue Testament** enthält die frühesten Schriften, die erhalten sind. Sie stammen aus den Jahren 51- 130 n. Chr. und waren für den internen Gebrauch der Gemeinden bestimmt. Die Schriften diskutieren schlichte aber praxisbezogene Themen wie die christliche Lehre, ihre Moral und Ordnung. Sie standen also deutlich in der Interessensphäre der noch jungen Gemeinden in einer Zeit, in der christliche Lehre und Moral sowie eine klare Gemeindeordnung für den Bestand der christlichen Gemeinschaft wichtig wurden.

Besonders die **Apologetischen Schriften**, die schon bei Kaiser Hadrian (117-138 n. Chr.) einsetzten und bis in die Mitte des 3. Jahrhunderts reichten, sind in ihren Aussagen kritisch zu hinterfragen: Zum ersten Mal erschienen Schriften, die für Nichtchristen bestimmt waren und von ihnen gelesen werden sollten. Es sollten auf diesem Wege Missverständnisse und Verleumdungen des Christentums widerlegt und antichristliche Einwände zurückgewiesen werden. Tertullians Schriften z. B. dienten dazu, nicht die Glaubensinhalte, sondern mehr die Praxis der christlichen Religion unter die Leute zu bringen. Er wollte Anfeindungen, welche die Christen trafen, entkräften, so dass der christliche Glaube offen dargelegt wird. Mit den Aussagen jedoch traf Tertullian absichtlich juristisch falsche Behauptungen, von deren Echtheit sich der einfache Mann auf der Straße nicht überzeugen konnte.

Auch die unter dem Begriff **Märtyrerliteratur** zusammengefassten Schriften, des 2. und 3. Jahrhunderts unterliegen einer klaren Absicht:

Sie sollten den Leser mahnen, die christusähnliche Haltung der Märtyrer im Verhör einzunehmen. Die Schriften versuchten, das Leiden und Sterben eines Christen unter den Strafen des römischen Staates als religiöse Überlegenheit und unerschütterliche Treue, auch als Ausdauer in Heilszuversicht zu deuten, dadurch das ewige Heil im Jenseits erreicht werde. Zugleich regten sie zur Verehrung der Märtyrer an. Schriften dieser Art sind in Berichten über Prozesse und Verhöre, den *acta*, überliefert.

Zu den christlichen Schriften, die ebenso einer bestimmten Erzählabsicht unterliegen, zählen auch die **Briefe und Traktate**. Christliche Schriftsteller, wie Cyprian von Karthago oder Dionysius von Alexandrien, wollen darin ihre Gemeinden in Glaubensinhalten unterrichten oder ihre Zeitgenossen und Nachfahren in der Richtigkeit der Bekehrung und Standhaftigkeit bekräftigen. Sie beschreiben das Leiden der Christen unter den Maßnahmen des römischen Staates als Notwendigkeit auf dem Weg zum ewigen Heil. Dabei berufen sie sich auf die eigene, d.h. unsichere Tradition, die den frühchristlichen Schriften entsprungen ist. [29] Zu weiteren christlichen Schriften, die in einer besonderen Erzählsituation stehen, gehört auch das christliche Genre der „**Kirchengeschichte**" des Euseb. Sein Werk ist ganz darauf abgestellt zu beweisen, dass mit dem historischen Durchbruch der christlichen Kirche, d.h. mit der Gleichstellung des Christentums durch Kaiser Konstantin, der Zenit der Geschichte erreicht ist. Dementsprechend deutet er die bisherige Geschichte des Christentums seit dem Wirken Jesu von Nazareth bis

---

[29] Mk 13,9-13: Jesus prophezeit: „*Ihr werdet von jedermann gehasst sein um meines Namens willen, wer ausharret bis ans Ende, der wird selig werden.*"

zum Kaiser Konstantin als beständigen Kampf der Christen gegen die heidnische Welt.

Damit nicht genug der Schwierigkeiten für die heutige angemessene Interpretation: Autoren wie Euseb und Laktanz, die nach den „Verfolgungen" unter Kaiser Konstantin schreiben, müssen ihre kirchengeschichtlichen Beschreibungen nochmals aus unsicheren Quellen rekonstruieren, da die Archive der christlichen Gemeinden zerstört waren. Folglich sind innerhalb der christlichen Tradition diese Perspektiven zu beachten, und nur in Kenntnis der jeweiligen Kontexte sind die christlichen Quellen angemessen zu interpretieren. Außerdem muss der Historiker konkret mit Fälschungen aus der Feder christlicher Autoren rechnen, deren Werke bewusst mit juristischen Floskeln gespickt sind, um echter zu wirken.[30]

II./2 Nichtchristliche Quellen
II./2. 1 Inschriften

Für die Interpretation einer infrage kommenden Inschrift gilt das Gleiche wie für eine literarische Quelle. Sie ist nicht aus sich selbst heraus zu verstehen, sondern immer nur im Zusammenhang. Die Kenntnis, dass auch die Inschrift unter einer bestimmten Absicht und in einer historischen Situation gefertigt wurde, ist die Bedingung für die angemessene Interpretation. Um Aufschluss sowohl über biographische

---

[30] Das Hadrian-Reskript an den Stadthalter Minucius Fundus ist so eine Fälschung. Justinius hatte den lateinischen Text 150 n. Chr. seiner Apologie beigelegt, der später in die christliche Literatur einging und sich bei Eus. HE IV 9,1-13 erhalten hat.

Daten des Kaisers Decius als auch seiner Religionspolitik zu erhalten, stehen Inschriften zur Verfügung.[31]

II./2.2 Papyri

Die infrage kommenden Papyri sind wegen ihrer Fundumstände vorsichtig zu bewerten. Der größte Teil der erhaltenen Exemplare überhaupt stammt aus den klimatisch trockenen Randgebieten des östlichen Mittelmeeres, Ägypten, Palästina und Syrien, wo der Wüstensand sie hinreichend konserviert hat. Sie machen daher nur Aussagen über bestimmte Teile des Römischen Reiches. Im Zusammenhang mit der Christenpolitik unter Kaiser Decius sind die aus Ägypten stammenden Fundstücke von großer Bedeutung. Es handelt sich dabei um mehr als 50 Opferbescheinigungen, um amtliche Dokumente also, die als Primärquellen der Religionspolitik des Kaisers Decius einzigartig sind.[32]

II./2.3 Münzen

Münzen sind als Quelle für die Mitte des 3. Jahrhunderts gerade wegen der Knappheit an heidnisch- literarischen Quellen, vor allem aber ihres offiziellen Charakters wegen sehr wertvoll. Die Münze als Geld betrachtet gibt durch metrologische Untersuchungen über Feingehalt und Gewicht Aufschluss über die wirtschaftlich- finanzielle Lage des Reiches. Die Münze aber kann auch als Quasiinschrift gedeutet werden. Sie beantwortet viele Fragen, da sie zeitgenössische, wenn auch verkürzte und nur allegorisch aufzuschließende, aber wohl beabsichtigte Mittei-

---

[31] CIL III, 12519; 13724; 13758; sowie G. Alföldi, Römische Statuen in Venetia et Histria, Abh. d. Heidelberger Akad. d. Wiss., Heidelberg 1984, S. 92.
[32] Meyer, P. M., Die Libelli aus der decianischen Verfolgung, Berlin 1910.

lungen darlegen: Münzbild und die Legende der Münzen auch aus der Zeit der Mitte des 3. Jahrhunderts haben einen hohen ikonographischen und paläographischen Wert. Die Darstellungen auf der Vorderseite liefern Portraits der Kaiser und vieler Angehöriger des Kaiserhauses in Bild und Schrift, darüber hinaus offizielle Titel sowie die Dauer der Regierungszeit.

Die Rückseiten berichten von politischen Ereignissen und geben Aufschluss über kulturelle Phänomene. Darüber hinaus verkünden Personifikationen, aber auch besondere Gottheiten von angestrebten, aber nicht notwendig umgesetzten politischen oder religiösen Programmen der jeweiligen Kaiser und damit die offiziell gewünschten Zustände im Römischen Reich. Kurz: Mit Vogt ist die römische Münze dem Historiker eine *„reichhaltig illustrierte Staatszeitung."*[33] Besonderen Aufschluss über die Christenpolitik geben Münzen aus den Regierungszeiten des Decius[34], des Trebonianus Gallus[35] und des Gallienus[36].

III. Kaiser Decius und der Der Zorn der Götter
III./1. Decius und das Christentum (249-251 n.Chr.)
III./1.1 Der Rechtsstatus der Christen?

Um die religionspolitische Maßnahme, das Opferedikt, des Kaisers Decius, um 249/50 n. Chr. erlassen, richtig in die Gesamtpolitik einordnen zu können, muss nach dem rechtlichen Status der Christen im Römi-

---

[33] Vogt, J., Die Alexandrinischen Münzen, Bd. I, 1924, S. 1.
[34] RIC 16a.
[35] RIC 5; auch Pink, K., Apollo Arnazi; mit einem Exkurs von Elmer, G., in: Jahrbuch des Deutschen Archäologischen Instituts 52, 1937, S. 104-110, Berlin, Staatliche Museen, Münzkabinett.
[36] RIC 324 F.

schen Reich gefragt werden. Gab es unter Kaiser Decius einen Einschnitt in die bisherige Christenpolitik? Welchen rechtlichen Status hatten die Christen im Römischen Reich um die Mitte des 3. Jahrhunderts? Um die Rechtslage der Christen in dieser Zeit zu erschließen, müssen Quellen befragt werden, welche die Christenpolitik Roms in der ersten Hälfte bis zur Mitte des 3. Jahrhunderts beschreiben.

III./1.1.1 Das Christentum unter Kaiser Maximinus Thrax (235 n. Chr.)

„...quod persecutio illa non per totum mundum sed localis fuisset..."

„...weil jene Verfolgung sich nicht über die ganze Welt

erstreckte, sondern lokal begrenzt war..."

(Bischof Cyprian von Karthago in seinen Briefen, ep. 75,10, um 250 n.Chr.)

Die Darstellung einer „Christenverfolgung" unter Kaiser Maximinus Thrax im Jahre 235 n. Chr. bietet sich zunächst in der Kirchengeschichte des Euseb an. Er schreibt dazu:

Kaiser Maximinus Thrax *„war von Zorn gegen die Familie des Alexanders erfüllt, weil zu ihr eine größere Zahl von Gläubigen gehörte, und begann deshalb eine Verfolgung, indem er befahl, lediglich die Leiter der Kirchen mit dem Tode zu bestrafen, da sie sich der Lehre nach dem Evangelium schuldig gemacht hätten. Damals schrieb Origines sein Buch ‚Über das Martyrium' und widmete es Ambrosius und Protoktet, einem Presbyter der Gemeinde in Caesarea, denn beide hatten sich in ungewöhnlicher Gefahr während der Verfolgung befunden; in dieser Gefahr hätten sich, so* *wird berichtet, beide Männer durch ihr Bekenntnis ausgezeichnet. Nicht länger als drei Jahre dauerte die Regierungszeit des Maximinus. Den Zeitpunkt dieser Verfolgung hat Origines im 21. Buch seines Kommentars zum Johannesevangelium und in verschiedenen Briefen angegeben."*[37]

Folgende wichtige Aussagen können der Quelle entnommen werden:

1. Kaiser Maximinus Thrax begann eine Verfolgung von Christen: Er befahl die Leiter der Kirchen zu töten.
2. Ambrosius und Protoktet, ein Presbyter der Gemeinde in Caesarea, bekannten sich zu ihrem christlichen Glauben.
3. Beide befanden sich in ungewöhnlicher Gefahr.

Mit der Aussage *„...indem er befahl..."*, unterstellt Euseb dem Kaiser Maximinus Thrax, dass er ein Edikt gegen Kleriker erlassen habe, dazu verarbeitete er Gedanken aus dem 21. Buch von Origines' Schrift *exhortatio ad martyrium*. Euseb aber hat sie missverstanden oder verfälscht, denn er macht hier nur ungenaue Angaben, wenn er sagt, dass der Diakon Ambrosius und der Presbyter Protoktet, denen Origines seine Schrift gewidmet hatte, sich während der Verfolgung *„in ungewöhnlicher Gefahr befunden"* haben. Er nennt auch keine anderen Opfer.
Mit Eusebs Hinweis *„...so wird berichtet..."*, wirkt die Angabe darüber hinaus unzuverlässig. Von einer Verfolgung gegen die Führer der christlichen Gemeinden unter Maximinus Thrax ist ferner außer in Eusebs Beschreibung nichts bekannt [38], lediglich in Rom wurde zu die-

---

[37] Eus. HE VI 28.
[38] Molthagen, J., Der römische Staat und die Christen im zweiten und dritten Jahrhundert, 2. Aufl., Göttingen 1975, S. 52.

ser Zeit der Papst Pontian[39] verbannt. Die einzige Provinz aber, von der wir hören, dass dort Christen den Tod erlitten, war Kappadokien und diese Verfolgung war das Ergebnis einer Volkswut, die auf ein Erdbeben zurückzuführen war. Firmilian von Caesarea schrieb in seinem Brief, den er nach 256 n. Chr. an Cyprian von Karthago richtete, Folgendes über die Ereignisse im Jahre 235 n. Chr.:

„Sehr viele Erdbeben traten kurz nacheinander auf, so dass sowohl in Kappadokien als auch im Pontus viele Gebäude einstürzten, auch einige Städte in die Tiefe gerissen und von einem klaffenden Erdspalt verschlungen wurden. Das war der Anlass auch für eine schwere Verfolgung gegen uns Anhänger des christlichen Namens, die nach langer Friedenszeit plötzlich ausbrach und, da diese Not unerwartet und ungewohnt war, unser Volk in eine umso schrecklichere Bestürzung versetzte. Serianus war damals Statthalter in unserer Provinz, ein unerbittlicher Verfolger. Als in dieser Verwirrung die dem Glauben Treugebliebenen aus Furcht hierhin und dorthin flohen, ihre Heimatorte verließen und in andere Teile des Reiches übersiedelten – denn es gab die Möglichkeit zu fliehen, weil jene Verfolgung sich nicht über die ganze Welt erstreckte, sondern lokal begrenzt war, da tauchte plötzlich eine Frau auf, die im Zustande der Ekstase als Prophetin auftrat und sich so benahm, als sei sie vom Heiligen Geist erfüllt."[40]

---

[39] Es handelt sich beim Catalogus Liberianus um den Teil einer Liste von Päpsten bis zu Papst Liberus. Der Teil ist das Werk des Chronographen von 354 n. Chr., eines unbekannten Verfassers, und gibt Aufschluss über Verbannungen von Päpsten.
[40] Cypr. epist. 75,10.

Maximinus Thrax
Collezione Albani, MC 473, Kapitolinische Museen, Rom.

Gaius Iulius Verus Maximinus Thrax (um 173 – 238 n. Chr.) war von 235 bis 238 n. Chr. erster römischer Soldatenkaiser. Er gehört damit zu einer neuen Reihe von Kaisern mit ritterlicher, oft niedriger – gar unbekannter Herkunft. Die Soldatenkaiser waren wie Thrax oft militärisch begabt, wurden von Soldaten zum Kaiser ausgerufen und standen dem Senat fremd gegenüber. Thrax hat nicht – wie von christlichen Quellen behauptet – ein Edikt erlassen, das den Umgang mit dem Christentum rechtlich regelte.

Firmilian von Caesarea macht folgende wichtige Aussagen:

1. Ein Erdbeben samt der Folgen für Mensch und Haus erschütterte Kappadokien und Pontus.

2. Das Erdbeben war der Anlass für eine Verfolgung der christlichen Gemeinden.

3. Der Statthalter Serianus war ein unerbittlicher Verfolger.

4. Viele Christen flohen in andere Provinzen.

5. Die Verfolgung war nur lokal begrenzt.

Firmilian von Caesarea sieht den Statthalter Serianus deutlich in der Verantwortung, denn er war ein *„unerbittlicher und grausamer Verfolger."*[41] Also: Durch den Statthalter geschürt, seien die Christen für die Katastrophe verantwortlich gemacht worden. Darüber hinaus sagt Firmilian deutlich, *„es gab die Möglichkeit zu fliehen, weil jene Verfolgung sich nicht über die ganze Welt erstreckte, sondern lokal begrenzt war."*[42]

Eusebs Aussage aus dem Jahre 303 n. Chr. über eine reichsweite Verfolgung unter Maximinus Thrax darf im Vergleich mit dieser christlich zeitgenössischen Quelle des Firmilian von Caesarea aus dem Jahre 256 n. Chr. daher mit Skepsis betrachtet werden. Ein Edikt, von Kaiser Maximinus Thrax erlassen, das den Umgang mit dem Christentum rechtlich regelte, ist in dieser Zeit nicht anzunehmen. Um auf eine gesetzliche Regelung im Umgang mit den Christen zu stoßen, die das Verhältnis

---

[41] *„Serianus tunc fuit in nostra prouincia praeses, acerbus et dirus persecutor."*

[42] *„....erat enim transeundi facultas eo quod persecutio illa non per totum mundum sed localis fuisset..."*

zwischen dem römischen Staat und den Christen näher beleuchtet, muss die Untersuchung zeitlich weiter zurückgehen. Die Untersuchung verlässt daher die Darstellung der Ereignisse um 235 n. Chr.

III./1.1.2 Das Christentum unter Septimius Severus (201/2 n.Chr.)

„fac sacrum pro salute imperatorum."
„non facio. [...] Christiana sum!"
„[...] damnat ad bestias."
„Bring ein Opfer dar für das Wohl der Kaiser!"
„Das tue ich nicht! [...] Ich bin eine Christin!"
„Tod durch wilde Tiere!"
(Perpetua, Christin aus Karthago im Verhör, 203 n.Chr.,)

Wiederum ist es Euseb, der Auskunft über die Lage der Christen unter Septimius Severus im Jahre 201/2 n. Chr. gibt. Er schreibt:

„Als auch Severus eine Verfolgung der Kirchen veranlasste, wurden überall herrliche Martyrien von den Kämpfern, die für die Verehrung Gottes stritten, erduldet, besonders zahlreich in Alexandria. Aus ganz Ägypten und der Thebais wurden die Kämpfer Gottes dorthin, gleichsam in ein sehr großes Stadion, geschickt und legten durch standhafteste Ausdauer im Ertragen mannigfacher Martern und Todesarten ihre Siegeskränze bei Gott um ihr Haupt. Unter ihnen war auch Leonides, den man den Vater des Origines nennt. Als er enthauptet wurde, hinterließ er einen noch sehr jungen Sohn." [43]

---

[43] Eus. HE VI 1; 2,2-4.

Folgende Aussagen Eusebs sind hier wichtig:

1. Kaiser Septimius Severus veranlasste eine reichsweite Verfolgung von Christen, denn überall kamen Christen zu Tode.
2. In ganz Ägypten gab es Todesopfer.
3. Besonders zahlreich waren Todesopfer in Alexandria.

Eusebs Aussage *„überall wurden Martyrien bestanden"* behauptet eine reichsweite Verfolgung. Diese reichsweite Verfolgung unter Kaiser Septimius Severus aber ist recht zweifelhaft, denn Euseb behauptet sie zwar, macht aber nur Angaben über Ägypten, der Thebais und speziell über Alexandria.Eusebs Behauptung reicht also nicht aus, um auf ein reichsweites Edikt, das den rechtlichen Umgang mit Christen regelt, zu schließen: Die *Historia Augusta* [44] muss hinzugezogen werden. Die Schrift spricht zwar von einem angeblichen Edikt des Kaisers Septimius Severus, dass der Bevölkerung den Übertritt zum Christentum verbot, die Forschung aber ist aus den oben genannten Gründen skeptisch.[45] Eine weitere Quelle, die *passio Perpetuae et Felicitatis* aber zeigt zumindest das Verhältnis zwischen dem römischen Staat und dem Christen-

---

[44] HA Sept. Sev. 16,8-17,1.
[45] In der Forschung wird mit Septimius Severus in Hinblick auf die Ereignisse in Ägypten und Nordafrika eine neue Ära der Christenverfolgungen angenommen (Vogt, J., RAC II, S. 1180; Baus, K., Von der Urgemeinde zur frühchristlichen Großkirche, S. 250; Frend, W.H.C., Martydrom and persecution in the Early Church, S. 312; Moreau, J., Die Christenverfolgung im Römischen Reich, S. 73.; Schwarte lehnt die Existenz eines solchen Ediktes wegen der Unzuverlässigkeit der *Historia Augusta* sowie die Beschränkung der Verfolgungen auf wenige Provinzen ab., vgl. Schwarte, K. H., Das angebliche Christengesetz des Septimius Severus, Historia 12, 1963, S. 185-208.

tum unter Septimius Severus in Karthago und Afrika im Jahre 203 n. Chr. deutlich. Es beleuchtet genauer gesagt die Vorgehensweise gegen die bekennenden Christen am Beginn des 3. Jahrhunderts: In Karthago wurden wahrscheinlich die Römerin Vibia Perpetua und 4 Katechumenen und deren Lehrer verhaftet und hingerichtet. Der Bericht, von Perpetua niedergeschrieben und später zum Gedächtnis an ihr Martyrium überall im Reich verlesen, Vorbild für spätere Märtyrerakten, zeigt Folgendes deutlich: Der Prokurator Hilarianus forderte die Angeklagten auf, für den Kaiser zu opfern, was sie verweigerten. Dann fragte er, ob Perpetua und ihre Gefährten Christen seien. Erst als sie das bestätigten, wurden sie zum Tode verurteilt und hingerichtet. [46]

Hier zeigt sich der Umgang mit bereits getauften Christen: Perpetua und ihre Gefährten wurden zuvor befragt, ob sie Christen seien. Das Bekenntnis, Christ zu sein, scheint Grund der Hinrichtung gewesen zu sein, zugleich muss aber die Möglichkeit bestanden haben, das Nicht-Christ-Sein anzugeben und einer Bestrafung zu entgehen. Die rechtliche Grundlage im Umgang mit den Christen konnte noch nicht gefunden werden, über den Umgang mit den Christen in jener Zeit aber spricht sich die Quelle schon aus: Das Bekenntnis, ein Christ zu sein, rechtfertigt die Hinrichtung durch den Römischen Staat als Ordnungsmacht. Gegenstand der Verhandlung und Ursache der Hinrichtung war im Falle der Perpetua und ihrer Gefährten das „Christ-Sein". Andere Tatbestände als das Christ-Sein, die zu dieser Kapitalstrafe, zur Hinrichtung, führten, können den Quellen nicht entnommen werden.

---

[46] Passio Perpetuae et Felicitatis 6,4-6: *„Hilarianus: ,Christiana es', inquit. Et ego respondi: ,Christiana sum...tunc nos universos pronuntiat et damnat ad bestias..."*

Septimius Severus
Collezione Albani, S 364, Kapitolinische Museen, Rom.

Lucius Septimius Severus Pertinax (146 – 211 n. Chr.) war von 193 bis 211 n.
Chr. römischer Kaiser und begründete die Dynastie der Severer. Unter Severus
rechtfertigte das Bekenntnis, ein Christ zu sein, die Hinrichtung eines Menschen
durch den Römischen Staat. Ein Edikt, das gegen Christen gerichtet war, hat er
jedoch nicht erlassen und die von der christlichen Geschichtsschreibung be-
hauptete reichsweite Verfolgung von Christen hat es nicht gegeben.

Um die rechtliche Lage der Christen ermitteln zu können, müssen Aussagen aus Tertullians *apologeticum* aus dem Jahre 197 n. Chr. herangezogen werden.

III./1.1.3 Das Christentum unter Kaiser Trajan (112/3 n.Chr.)

„Conquerendi non sunt"

„Es soll nicht nach ihnen gefahndet werden!"

(Antwortschreiben Kaiser Trajans an seinen römischen Statthalter von

Bithynien und Pontus, Plinius, epist. X,97, im Jahre 112/3 n. Chr.)

Tertullian gibt in seiner Schrift *apologeticum* den Inhalt des Reskripts des Kaisers Trajan [47] an den Statthalter von Bithynien und Pontus, Plinius, aus den Jahren 112/113 n. Chr. mit kleinen Abweichungen genau wieder. Plinius hatte beim Kaiser sein *ius referendi*, das ihm der Kaiser zugestanden hatte, geltend gemacht. Er hatte nachgefragt, wie er mit Christen verfahren solle. Ihm war, um den Kern seines Problems zu benennen, unklar, ob allein der Name Christ, das „Christ- Sein" also, schon ein Verbrechen sei, oder ob nur mit dem Namen verbundene Verbrechen zu bestrafen seien.

Die mit dem Namen „Christ" verbundenen Verbrechen sind in dem Vorwurf der *flagitia atrocia pudenda*, der anstößigen, widerwärtigen Verbrechen, zusammengefasst. Es handelt sich dabei um die pauschale Anklage des Mordes, Kindermordes, Ritualmordes, thyestische Mahlzeiten und ödipodeischer Beilager, die den Christen bei ihren nichtöffentlichen Zusammenkünften bis ins 2. Jahrhundert hinein immer wieder

---

[47] Plin. epist. X 97.

unterstellt wurden. Die Christen wurden krimineller, nicht religiöser Verbrechen beschuldigt. Plinius war auf Grund seiner Unerfahrenheit der Umgang mit den Christen nicht vertraut. Er konnte auf keine Verfahren zurückgreifen. Hätte es bereits eine verbindliche Regelung gegeben, hätte Plinius sie angewendet oder Trajan hätte auf Akten verwiesen.[48] Deshalb erkundigte er sich, wie mit den Christen zu verfahren sei. Plinius hatte zuvor ausdrücklich erklärt, dass die Christen derartige Verbrechen auf den Versammlungen, die sie vor Tagesanbruch abhielten, um Christus ihrem Gott zu lobsingen, verboten hätten.[49] Kaiser Trajan antwortet:

„Es soll nicht nach ihnen gefahndet werden; wenn sie angezeigt und überführt werden, soll man sie bestrafen, jedoch so, dass, wer leugnet, Christ zu sein, und das durch die Tat, das heißt, durch Anrufung unsere Götter beweist, wenn er auch in Bezug auf die Vergangenheit verdächtig bleibt, aufgrund seiner Reue Gnade findet. Anonym eingereichte Anzeigen aber dürfen bei keiner Anklage berücksichtigt werden!" [50]

Man solle also nicht nach Christen fahnden, würden sie aber vor Gericht gestellt und gäben sie zu, Christen zu sein, müssten sie verurteilt wer-

---

[48] Ein Institutum Neronianum nach J. Zeiller, de l'eglise I, Paris 1938, existierte nach Borleffs nicht, vgl. Borleffs, J.W.PH., Institutum Neronianum, in: Das frühe Christentum im römischen Staat, Klein, R. (Hg.), Darmstadt 1971, S.217-234, S. 234.

[49] Tert. apol. 2,6-9.

[50] Plin. epist. X,9: *„Conquerendi non sunt; si deferantur et arguantur, puniendi sunt, ita tamen, ut, qui negaverit se Christianum esse idque re ipsa manifestum fecerit, id est supplicando dis nostris, quamvis suspectus in praeteritum, veniam ex paenitentia impetret. Sine auctore vero propositi libelli in nullo crimine locum habere debent."*

den. Ohne Anzeige sollen Christen nicht aufgespürt werden. Wenn der Christ aber seinem Glauben abschwört, der *imago Caesaris* und vor den Staatsgöttern opfert, geht er straffrei aus.[51] Tertullian kritisiert die Antwort, d. h. die juristische Entscheidung des Kaisers im Umgang mit den Christen scharf und zeigt damit die Situation:

Die Entscheidung des Kaisers *„verbietet die Fahndung, wie bei Unschuldigen, und fordert die Bestrafung, wie bei Schuldigen...[...] Wenn du verurteilst, warum fahndest du nicht auch? Wenn du nicht fahndest, warum sprichst du nicht auch frei?"*[52]

Im Brief Trajans ist die Rechtslage der Christen im Römischen Reich um 112/113 n. Chr. deutlich ausgewiesen, denn Reskripte, d.h. Antworten des Kaisers auf Anfragen aus den Provinzen, waren reichsweit rechtsverbindlich. Viel wichtiger aber ist Tertullians Stellungnahme im *apologeticum*. Sein Zeugnis ist über die trajanische Zeit hinaus ein Beispiel der Rechtspraxis im Umgang mit den Christen am Beginn des 3. Jahrhunderts: Es hat sich offenbar nichts geändert. Die rechtliche Grundlage, d.h. das trajanische Reskript galt unverändert rechtlich bis in die Mitte des 3. Jahrhunderts hinein.

---

[51] Wlosok dazu: *„Mit dem Trajan-Reskript wird das „nomen Christianum" an sich hinreichender Strafgrund, sofern eine Anzeige an den Magistrat ergangen ist, das heißt, bei einem Christen die prinzipielle Gegensätzlichkeit zum römischen Staat in irgendeiner Weise akut geworden ist."*, Wlosok A., Die Rechtsgrundlagen der Christenverfolgungen, in: Das frühe Christentum im Römischen Staat, Klein, R. (Hg.), Darmstadt 1971, S. 300.

[52] Tert. apol. 2,8: *„Negat inquirendos ut innocentes et mandat puniendos ut nocentes...Si damnas, cur non et inquiris. Si non inquiris, cur non et absolvis."*

Trajan
Collezione Albani, MC 438, Kapitolinische Museen, Rom.

Marcus Ulpius Traianus (53 – 117 n. Chr.) war von 98 bis 117 n. Chr. römischer Kaiser. Er stammte zwar aus der Provinz, seine Familie jedoch hatte vermutlich seit republikanischer Zeit das römische Bürgerrecht inne. Er führte das von seinem Vorgänger Nerva begründete Adoptivkaisertum fort. Trajan legte fest, dass nach Christen nicht aktiv gefahndet werden sollte. Wenn aber das Christ-Sein zugegeben wurde, hatte es eine gerichtliche Verurteilung zur Folge.

41

III./1.1.4 Die Rechtslage der Christen unter Kaiser Decius

Das Christentum war in der Mitte des 3. Jahrhunderts zweifellos eine *religio illicita*, dennoch lassen die apologetischen Schriften im 3. Jh. nach. Es ist nämlich zu bedenken, dass es für einen Ankläger sehr gefährlich war, einen Christen anzuzeigen, denn wenn ein angeklagter Christ das Opfer vollzog, musste der Kläger damit rechnen, wegen *calumnia*, der trügerischen Anklage, der Verleumdung, bestraft zu werden. Hier war der römische Staat quasi Verbündeter der Christen.

Es lag der Versuch vor, die Christen mit sanftem Druck von ihrem Glauben, d. h. ihren starrsinnigen Überzeugungen abzubringen.[53] Vogt dazu: Das Christentum war *„ein verkehrtes anmaßendes Schwarmgeistertum, damit das Gegenteil von religio. Die aus dieser Haltung hervorgehende Verweigerung des Opfers ist pertinacia, inflexibilis obstinatio, also Rechthaberei, unbeugsamer Starrsinn, ja nach wiederholter Mahnung und förmlicher Androhung der Todesstrafe ist diese Haltung offener Widerstand gegen die Staatsgewalt."*

Die Forderung, dass nach den Christen nicht gefahndet werden solle, zeigt deutlich, dass Trajan die Christen nicht etwa für politisch gefährlich einschätzte.[54]

Der römische Staat betrachtete das Christentum nicht als politischen Gegner.[55] Es ist von staatlicher Seite weder ein politisch noch religiös auffälliges Verhältnis zu den Christen erkennbar.

---

[53] Vogt, J., Zur Religiosität der Christenverfolger im Römischen Reich, Heidelberg 1962, S. 12.
[54] Moreau, J., Die Christenverfolgung im Römischen Reich, S. 43.
[55] Zur Argumentation nach der das Christentum ein politischer Gegner des römischen Staates war, siehe auch Molthagen, J., S. 34f.

III./1.2 Ein Opferedikt gegen Christen?

„Nos enim pro salute imperatorum invocamus Deum aeternum,

Deum verum,

Deum vivum..."

„Wir nämlich beten für das Wohl der Kaiser zu dem ewigen,

dem wahren Gott, dem lebendigen Gott..."

(Apologet Tertullian in apol. 30,1, im Jahre 197 n. Chr.)

III./1.2.1 Die christliche Sicht

Zum Opferedikt des Kaisers Decius äußern sich die christlichen Autoren Euseb, Bischof von Caesarea, Dionysius, Bischof von Alexandria, und Cyprian, Bischof von Karthago. Euseb schreibt zur „Christenverfolgung" unter Decius:

„Auf Philippus, der sieben Jahre regiert hatte, folgte Decius. Aus Hass gegen Philippus begann dieser eine Verfolgung gegen die Kirchen. Nachdem während derselben Fabian in Rom im Martyrium vollendet wurde, folgte Cornelius in der bischöflichen Würde. In Palästina wurde Bischof Alexander von Jerusalem wiederum um Christi willen in Caesarea vor den Richterstuhl des Statthalters geführt und musste [...] die Gefängnisstrafe über sich ergehen lassen. [...] Ähnlich wie Alexander starb in Antiochien Babylas nach Ablegung des Glaubensbekenntnisses im Gefängnis, worauf Fabius an die Spitze der dortigen Kirche trat." [56]

Euseb macht folgende Aussagen:

---

[56] Eus. HE VI 39,1-5.

1. Decius begann eine Verfolgung der christlichen Kirche.

2. Bischof Fabian von Rom bekannte sich zum Glauben und starb.

3. Der Bischof von Jerusalem Alexander legte sein Glaubensbekenntnis ab, wurde in Caesarea eingesperrt und starb im Gefängnis.

4. In Antiochien starb Bischof Babylas in gleicher Weise.

Euseb selbst beschreibt also den Tod dreier Bischöfe in Rom, Palästina und Antiochien. Die Bischöfe bekannten sich im Gefängnis zu ihrem Glauben.

Etwas weiter in der Kirchengeschichte lässt Euseb Dionysius von Alexandrien zu Worte kommen: In dem Brief an Germanus, einen ägyptischen Bischof, beschreibt Dionysius die Einzelheiten seiner Flucht während der decischen „Verfolgung". Dionysius berichtet:

„Als seiner Zeit das Verfolgungsedikt des Decius bekannt gegeben wurde und Sabinus[57] noch zu derselben Stunde einen frumentarius[58] ausschickte, um nach mir suchen zu lassen, blieb ich vier Tage zu Hause, um die Ankunft meines frumentarius zu erwarten." [59]

Dionysius stellt hier die Behauptung auf, der Statthalter Sabinus habe nach der Bekanntmachung des Ediktes nach ihm suchen lassen.

---

[57] Aurelius Appius Sabinus war vom 14.9. 249-17.7. 250 n. Chr. und vielleicht noch zwischen Januar und April 251 Präfekt von Ägypten, vgl. Stein, A. Die Präfekten von Ägypten in der römischen Kaiserzeit, Bern 1950, S. 140-143.

[58] Der *frumentarius,* ursprünglich zuständig für Proviant u. ä., war in der späteren Kaiserzeit eine Art Geheimpolizist.

[59] Dion. in Eus. HE VI 40,2.

Und etwas weiter bei Euseb findet sich im VII. Buch der Kirchenge-schichte der Osterfestbrief jenes Dionysius an Dometius und Didymus. In diesem Brief hält Dionysios eine feierliche Ansprache zum Osterfest, nimmt aber auch Stellung zu den Ereignissen um 251 n. Chr. Dionysi-us[60]:

„...es ist überflüssig, die Unsrigen namentlich aufzuzählen; denn ihrer sind so viele, und zudem kennt ihr sie nicht. Nur sollt ihr wissen, dass Männer und Weiber, Jünglinge und Greise, Mädchen und alte Frauen, Soldaten und Bürger, jedes Geschlecht und jedes Alter, die einen durch Geißeln und Feuer, die anderen durch das Schwert, den siegreichen Kampf gekämpft und die Kronen[61] erlangt haben....Der Statthalter lässt bis jetzt nicht davon ab, die Vorgeführten, wie ich schon sagte, teils durch Folter grausam zu zerreißen oder in Kerkern und Ketten verschmachten zu lassen"[62]

Der Bischof Dionysius behauptet also Folgendes:

1. Viele unbekannte Christen jeden Alters, jeden Geschlechts, Soldaten und Bürger seien unter der Folter umgekommen.
2. Der Statthalter trieb die Folter voran.

---

[60] Euseb hat den Brief irrtümlich in die „Valerianische Verfolgung" ein-geordnet, obwohl die Bezugnahme auf die Ereignisse aus dem Germa-nusbrief deutlich zeigen, dass es sich um die Zeit um 251 n. Chr., um die Regierungszeit des Decius handelt.
[61] Gemeint ist die unvergängliche Krone, das Heil, das nach einem standhaften christlichen Leben im Jenseits erreicht wird, vgl. I Kor 9,25.
[62] Dion. in Eus. HE VII 11,20-25.

Und wieder ist es der Statthalter, dem eine besondere Aktivität zuge-
wiesen wird. Soweit die Darstellungen Eusebs aus den Jahren um 303 n.
Chr.

Etwas näher am Geschehen liegt das Briefcorpus des Cyprian. Mit diesen 65 Briefen aus der Hand des Bischofs und 6 Briefen, die an ihn gerichtet sind, besitzt die Forschung Zeugnisse, die an die Gemeinde von
Karthago gerichtet waren, darüber hinaus die Korrespondenz mit Rom.
Um 250 n. Chr. schreibt der durch den Tod des Bischofs Fabian ver-
waiste Klerus von Rom dem Cyprian einen Brief:

*„Dass wir darin recht haben, das haben unsere früheren Briefe bewiesen,
in denen wir euch in klaren Ausführungen unsere Meinung über diejenigen Personen vorgetragen haben, die sich selbst durch das unerlaubte
Bekenntnis ihrer ruchlosen Opferbescheinigungen als Ungläubige ent-
larvt hatten – im Glauben, sie könnten dadurch den umgarnenden Schlingen des Teufels entrinnen, obwohl sie doch gerade durch das, was sie
bezeugt hatten, nicht weniger in den Schlingen festgehalten wurden, als
wenn sie vor die ruchlosen Altäre getreten wären.‟*[63]

Mit Cyprians Darstellung der Ereignisse unter Kaiser Decius und den
vorangestellten Äußerungen Eusebs und des Dionysius lässt sich also
festhalten:

1. Decius veranlasste eine „Verfolgung" von Christen.

---

[63] Cypr. epist. 30,3: *„...protulimus eos qui se ipsos infideles inlicita nefa-
riorum libellorum professione prodiderant.‟*

2. Drei Bischöfe hatten sich zu ihrem Glauben bekannt und wurden in Rom, Caesarea und Jerusalem eingesperrt, wo sie starben.

3. Auch christliche Laien jeden Alters, ob Zivilist oder Soldat, wurden gefoltert und sind ums Leben gekommen.

4. Der Statthalter wird hier angesichts von Folter und Tod besonders in die Verantwortung genommen.

5. Einige Christen entlarvten sich als Ungläubige, indem sie sich Opferbescheinigungen, die unter Christen als ruchlos galten, besorgten.

III./1.2.2 Amtliches Opfer: *Die libelli*

Bis in das Jahr 1893 kannte die historische Wissenschaft die *inliciti nefari libelli*, die angesprochenen Opferbescheinigungen, nur aus den Anmerkungen Cyprians. Die Papyri, die in der Oasenlandschaft Fayum, 75 Kilometer von Kairo entfernt, aus dem Wüstensand geborgen wurden, änderten jedoch die Lage: Mit dem ersten dieser *libelli* [64], die in der Preußischen Akademie veröffentlicht wurden, stand der Forschung nun ein römisches und amtliches Dokument, mithin eine Primärquelle aus der Religionspolitik des Kaisers Decius, zur Verfügung. Alle anderen gefundenen *libelli* hatten in ihrem Aufbau eine ähnliche Struktur:

„(1. Hand): An die zur Überwachung der Opfer gewählte Kommission von Aurelia Charis aus dem Dorf Theadelpheia. Immer habe ich den Göttern geopfert und meine Verehrung erwiesen und auch jetzt habe ich in eurer Gegenwart entsprechend den Vorschriften des Edikts Trank- und Speiseopfer dargebracht und von dem Opferfleisch gekostet, und ich bitte euch, mir das durch die Unterschrift zu bescheinigen. Lebt wohl!

---

[64] Meyer Libelli Nr.21.

(2. Hand): Wir, Aurelius Serenus und Aurelius Hermas, sahen dich opfern.
(3.Hand): Ich, Hermas, habe es bescheinigt.
(1.Hand): Im 1. Jahr des Imperators Caesar Gaius Messius Quintus Traja-
nus Decius Pius Felix Augustus, am 22. Payni [16. Juni]."[65]

Einige Feststellungen lassen sich mit diesem stellvertretenden Dokument sofort treffen:

1. Es gibt eine Kommission, die das Opfern überwacht.
2. Die Kommission bestätigt ein dargebrachtes Opfer, den Verzehr von Opferfleisch durch Unterschrift.
3. Der Akt des Opferns wird am 16. Juni 249 n. Chr. vorgenommen.

Die Papyri bestätigen die Konstituierung von Opferkommissionen, die sich aus Beamten rekrutierten und den Vollzug auf lokaler Ebene sicherstellen und durch Unterschrift bescheinigen sollten. Damit darf angenommen werden, dass auch an anderen Orten Kommissionen gebildet worden sind. Der Vergleich mit anderen Quellen[66] ergibt: Kaiser Decius erließ ein Edikt, eine reichsweit gültige Anordnung an alle Statthalter, ein Opfer darbringen zu lassen und zu einem Opfermahl aufzufordern. Das Edikt in seinem Wortlaut ist nicht überliefert.

Die Götter, denen zu opfern ist, sind in den Papyri nicht genau erklärt. Auch die christlichen Quellen benennen sie nicht, so spricht Dionysius in diesem Zusammenhang ausdrücklich von dem Zwang der Verehrung

---

[65] Ebd. Nr. 6.
[66] Dion. bei Eus. HE VI 41,9.

48

unbestimmter Götzen[67] und auch Cyprian berichtet nur von Götzen, nie von bestimmten Göttern. Nach den Quellen zu urteilen, verlangt das kaiserliche Edikt nicht die Anbetung namentlich benannter, gemeint aber sind die altrömischen Götter. Wer opfern soll, ist in der Angabe der juristischen Form der Maßnahme enthalten: Das Edikt gilt für Männer, Frauen und Kinder[68], die gesamte Bevölkerung. Von besonderen Gruppierungen, die angesprochen waren, ist in dem Papyrus nichts zu lesen. Der Befehl traf alle Bürger, und Bürger waren seit Caracallas *Constitutio Antoniniana* [69] im Jahre 214 n. Chr. [70] fast alle freien Bewohner des Reiches.

Trank- und Speiseopfer mussten dargebracht, vom Opferfleisch musste gekostet werden. Was diesen Opfervollzug betrifft, so verbieten die Papyri nicht die Möglichkeit des Opfers durch einen Stellvertreter. Dass einzelne Haushalte aufgerufen waren, ist durchaus möglich.[71] Cyprian bestätigt die Möglichkeit aller Ehemänner als Stellvertreter für die Familie zu erscheinen[72], was der antiken Stellung des Mannes nur gemäß erscheint.

---

[67] Eus. HE VI 41,11.

[68] Cypr. laps.25.

[69] Die Constitutio Antoniniana betraf neben der Ausweitung der Wehrpflicht und dem Heranziehen der Provinzialen zur Erbschafts- und Freilassungssteuer neben dem *tributum*, dem die Provinzialen unterworfen waren, auch die allgemeine Verpflichtung zum Reichs- und Kaiserkult.

[70] Positionen zur Datierung bei Herrmann P., Überlegungen zur Datierung der Constitutio Antoniniana, in: Chiron 2 (1972), S. 159-530.

[71] In einem anderen Papyrus, Knipfling Papyrus Nr. 29, 1923, bittet Aurelius Euprodokiud, der ein Haushaltsmitglied des Aurelian Apianus aus Alexandria war, um die Bestätigung des Opfervollzuges. Hier war der gesamte Haushalt des Aurelian Apianus zum Opfer aufgerufen.

[72] Cypr. epist. 55,13.

Dass das Edikt nicht ausschließlich an die Christen gerichtet war, zeigt ein anderer *libellus*:

„An die zur Überwachung der Opfer gewählte Kommission, von Aurelia Ammonous, Tochter des Mystus, Priesterin des großen, starken und ewig lebenden Gottes Petesouchos und der in Moeris verehrten Götter aus dem Stadtviertel Moeris. Immer, mein ganzes Leben lang, habe ich den Göttern geopfert und auch soeben jetzt habe ich entsprechend den Anordnungen in eurer Gegenwart Speise und Trankopfer dargebracht und vom Opferfleisch gekostet, und ich bitte, das durch Unterschrift zu bescheinigen."[73]

Hier wird einer Priesterin des ägyptischen Krokodilgottes *Petesouchos* befohlen zu opfern. Wäre sie eine Christin gewesen, hätte sie nicht die heidnische Tätigkeit praktizieren können. Sie war also keine Christin und doch musste sie opfern und es sich bestätigen lassen. Es handelt sich also um eine allgemeine, reichsweite Forderung, die traditionellen römischen Götter anzubeten. Der auch hier und bei allen anderen Papyri gleichlautende Schluss weist auf Berufschreiber und damit auf einen offiziellen Charakter hin.

Über den genauen Zeitpunkt des Erlasses allerdings lassen sich die Papyri jedoch nicht aus. Sicher ist, dass Kaiser Decius nach dem Sieg über Philipp im September 249 n. Chr. nach Rom kam. Er residierte dort bis zu seinem Aufbruch gegen die Goten; am Donaulimes traf er erst im Sommer 250 n. Chr. ein. Sicher ist, dass das Opferedikt zuerst gleich nach der Übernahme der Regierung zu Beginn des Jahres 250 n.

---

[73] Meyer Libelli Nr. 23.

Chr. in Rom zugegriffen hat, so dass sich auch der erste Widerstand gegen das kaiserliche Edikt in Rom formierte.

Das erste von Euseb beschriebene Opfer von Gewaltanwendung seitens des Staates war, wie oben gezeigt, Fabian[74], der in der Briefsammlung Cyprians erwähnte Bischof von Rom. Im April 250 n. Chr. ereilte das Edikt dann Karthago[75], wo viele Christen schon vor der Vorladung dem Opferbefehl nachkamen. Aus Syrien ist das schon angesprochene Martyrium des Babylas, des Bischofs von Antiochia, bekannt. Er starb am 24. Januar 250 n. Chr. im Gefängnis. Ebenso kam zur gleichen Zeit der Bischof Alexander von Jerusalem in Palästina in einem Gefängnis ums Leben.[76] In Caesarea wurde zu dieser Zeit Origines verhaftet und gefoltert. Am 23. Februar drang das Edikt nach Smyrna und Alexandria vor. Zwischen dem 12. Juni und dem 14. Juli 250 n. Chr. erreichte das Edikt die ägyptischen Dörfer Theadelpheia, Alexandru Nesos, Philadelphia, Oxyrhynchos, Arsinoe und Narmuthis, was die Opferbescheinigungen belegen, die dort gefunden wurden.[77]
Cyprians Briefe sprechen auch die Wirkung des Ediktes in Gallien und Hispanien an. Bischof Marcian von Arles duldete keine Unterordnung unter das Edikt[78], während sich der Bischof Basilides von *Legio Asturica* (León) in Hispanien eine Opferbescheinigung erkaufte.[79]

---

[74] Eus. HE VI 39,1.
[75] Cypr. epist. 7.
[76] Eus. HE VI 39,2-4.
[77] Die Datierungen folgen Selinger, R., Die Religionspolitik des Kaiser Decius. Anatomie einer Christenverfolgung, Frankfurt a. M., Berlin, Bern 1994, S. 81-94.
[78] Cypr. epist. 68.
[79] Ebd. 67.

Fest steht, dass die Statthalter, nachdem sie die Kunde von dem Edikt erreicht hatte, für Abschriften sorgten und sie in den Städten und Dörfern ihrer Provinz verbreiten ließen.

Das Opferedikt selbst schrieb keine Strafen bei Nichterfüllung des kaiserlichen Willens vor, die Weigerung, einem kaiserlichen Gesetz Folge zu leisten, war jedoch als *crimen maiestatis*, ein todeswürdiges Verbrechen, das keiner besonderen Betonung bedurfte. In der selbstverständlichen kaiserlichen Erwartung, dass geopfert werde, die ohne besonderen Ausweis einer Strafe bei Nichterfüllung auskam, zeigt sich, dass weder Kaiser, Statthalter noch die Behörden, darauf aus waren, Opferverweigerer überhaupt zu bestrafen: Sie rechneten grundsätzlich gar nicht damit, vielen Opferverweigerern zu begegnen; den Statthaltern war bei der Durchführung des Opferedikts allerdings ein Ermessensspielraum attestiert.

Christliche Quellen sprechen von der Verschärfung des kaiserlichen Edikts durch die Statthalter über die Androhung von Körperstrafen hinaus bis zur Todesstrafe. Eine sofortige Verurteilung nach der Opferfeier war nicht möglich, denn die lokalen Behörden konnten nur geringe Vergehen ahnden. Sie mussten die Opferverweigerer also vorübergehend in Gewahrsam nehmen und später dem Statthalter zuführen, erst dann konnten sie verurteilt werden. Die ausgesprochenen Strafen waren auch bei gleichem Tatbestand des Nichtopferns nach christlichem Zeugnis unterschiedlich hart.

Cyprian nennt die Androhung von Verbannung, angeordneten Martern und Strafen an Gut und Blut.[80] Die Todesstrafe wurde aber selten, die Verbannung häufiger ausgesprochen. Viele Opferverweigerer sind in

---

[80] Cypr. de lap. 2.

der Folge von Folter und nachlässiger Behandlung – wie Nahrungsentzug – gestorben.[81] Von einer nachträglichen Kontrolle des Opfervollzugs anhand von Listen findet sich in den Quellen kein Hinweis.

Die Kenntnisnahme der christlichen Quellen erlaubt im Vergleich mit den *libelli* folgende Fragen:

1. Ist der Grund einer „Verfolgung" der Christen Decius' Hass auf seinen Vorgänger Philipp? Woher sollte der Hass kommen?

Euseb vertraute dem Dionysius, der den Regierungswechsel von Philipp Arab zu Decius so beschreibt:

„Doch gar bald erhielten wir die Nachricht, dass es in der kaiserlichen Regierung, die uns so gut gesinnt war, einen Wechsel gegeben habe. Die Furcht vor dem, was uns droht, steigerte sich gewaltig. Schon war auch das Verfolgungsedikt erschienen."[82]

Aus dem Briefwechsel zwischen Origines und Philipp[83] erfuhr Euseb, dass Philipp in seiner Christenfreundlichkeit sogar so weit ging, an christlichen Kultakten teilzunehmen. Philipp habe den christlichen Gott sogar heimlich verehrt.[84] Diese Informationen prägen Eusebs Bild von Philipp Arab und liegen der Behauptung zu Grunde. Sein Zeitgenosse Laktanz berichtet jedoch nichts darüber und viel wichtiger: Die christlichen Zeitgenossen des Decius schreiben nichts vom Hass auf Philipp.

---

[81] Selinger, R., S. 131.
[82] Dion. bei Eus. HE VI 41,9.
[83] Ebd. 36,3.
[84] Ebd. 34.

Der Grund der Maßnahmen, die sich auch „gegen die Christen" richtete, muss ein anderer gewesen sein.

2. Haben Statthalter im Auftrag des Kaisers Decius nach den Christen fahnden lassen, wie Dionysius von Alexandrien berichtet?

Nach der Gegenüberstellung der christlichen Quellen und den Aussagen aus den ägyptischen *libelli*, zeichnet sich Folgendes ab:

Dass Präfekten aufgefordert waren, nach christlichen Gemeindevorstehern zu fahnden, ist den *libelli* nicht zu entnehmen und kann bei Dionysius von Alexandrien eine Ausnahme darstellen, die sich aus dem Handlungsspielraum der jeweiligen Statthalter ergab. Die Opferkommission hatte nur den Zweck, die Opferfeiern zu überwachen, nicht nach Christen zu fahnden.

3. Litten Christen unter dem Edikt, weil sie Christen waren, was Dionysius und Cyprian der Nachwelt zu verstehen geben?

Ganz deutlich korrigieren die *libelli* den Anschein, der sich aus den christlichen Quellen ergibt, dass die Christen unter dem Edikt mit Folter und Tod bestraft wurden, weil sie Christen waren.

Das Opferedikt wendet sich jedoch nicht an besondere Gruppen, nicht *expressis verbis* an die Christen. Das Opfer war auch nicht mehr nur ein Test, wie bisher gehandhabt, herauszufinden, ob sie Christen waren, sondern um seiner selbst willen gefordert. Bestraft wurden die Christen, weil sie das Opfer verweigerten, nicht weil sie Christen waren.

Es zeigt sich, dass Christen nichts zu befürchten hatten, wenn sie denn den römischen Staatsgöttern opferten. Ihr spezieller christlicher Glaube war dabei bedeutungslos. In dem Edikt ist kein ausdrückliches Abschwören des christlichen Glaubens verlangt. Opfern heißt, ein Gebet sprechen, was in christlicher Terminologie zum Abschwören[85], Dämonendienst[86], Verleugnen des Glaubens[87], Gotteslästerung[88], Leugnung Christi wird.[89] Bei Dionysius ist die Rede vom Befehl, „befohlene Worte"[90] zu sprechen. Es finden sich in den *libelli* keine Maßnahmen gegen die Ausübung der Gottesdienste beschrieben.

III./1.2.3 Ergebnis der Überlegungen

Diese ersten Feststellungen, die sich aus dem Vergleich der christlichen Quellen mit den römischen amtlichen *libelli* ergeben, zeigen, dass das Edikt des Kaiser Decius nicht explizit, religiös motiviert, gegen die Christen gerichtet war. Opferedikt und trajanisches Gesetz müssen neben einander gestanden haben. Damit kann auch das Opferedikt nicht als Fortsetzung oder Erweiterung des trajanischen Edikts verstanden werden. Immer noch war vorgesehen, „die Christen als Anhänger einer *religio illicita* zwar nicht eigens aufzuspüren, sie aber bei Anzeige durch die Darbietung des Opfers festzustellen und zur alten Religion zurückzuführen. Neu war nun allerdings der für römische Begriffe unerhörte staatliche Opferzwang aller Bürger mit schriftlicher Bestätigung durch die Behörden."[91]

---

85 Cypr. de lap. 8,2.
86 Eus. HE VI 41,2.
87 Ebd. 41,15.
88 Cypr. de lap. 24,3.
89 Ebd. 24,1.
90 Dion. bei Eus. HE VI 41,18.
91 Gross, K., „Decius", RAC III, 1957, S. 623.

III./1. 3 Ein Edikt mit Folgen

„Non habebis deos alienos coram me"
„Du sollst keine fremden Götter neben mir haben."
(Exodus 20,3)

Es ist von großem Nutzen, das Edikt des Kaisers Decius zunächst nicht intentional zu deuten, sondern vielmehr vorab die Folgen des Edikts, speziell für einen Christen, zu untersuchen. Die Rede ist dabei nicht von den Folgen, die einem Christen bei der Verweigerung des Opfers drohten, denn die waren ja, wie gezeigt, für alle Verweigerer gleich. Es muss vielmehr beachtet werden, unter welchen besonderen Umständen ein Christ dem Opferbefehl gegenüberstand, welche Schwierigkeiten sich ihm ergaben und welche Möglichkeiten sich ihm boten, mit dem Opferedikt umzugehen. Denn dass die christliche Wertung das Edikt wider sich sah, findet sein Verständnis in der maßgeblichen Betroffenheit der Christen. Von allen Kulten und Votiv- bzw. Mysterienreligionen, die sich neben der römischen Religion in der Mitte des 3. Jhs. im Römischen Reich etabliert hatten, war das Christentum deutlich unterschieden. Votivreligionen hatten einen experimentellen Charakter. Wenn die erwartete Gegenleistung des Gottes nicht eintrat, musste das aufgenommene Gelübde nicht mehr gehalten werden und der Vertrag mit der Gottheit war aufgehoben. Ein neuer Gott, verstanden als persönlicher Helfer, konnte *ex viso* oder *ex voto* erkannt und auserkoren werden. Mysterienreligionen schlossen nie andere Kulte oder Gottheiten aus, das Christentum aber hat sich nicht als religiöse Ergänzung in einem Polytheismus verstanden. Cyprian legt die Konsequenz deutlich dar, indem er auf die Bibel [92] Bezug nimmt, denn er glaubt, *„wer den Göttern opfert außer dem Herrn allein, der wird ausgerottet werden."*[93]

Der exklusive Monotheismus der Christen also verbot das Anbeten der römischen Staatsgötter: Der Christ, der zum Opfer befohlen wurde, stand *„bleich und zitternd, gerade als wollte [er] nicht opfern, sondern als sollte [...] er selbst den Götzen geopfert und geschlachtet werden"*[94], verängstigt in einem tiefen Gewissenskonflikt.

Die Betrachtung ergibt, dass das Edikt des Kaisers Decius nicht explizit, religiös motiviert, gegen die Christen gerichtet war, die Christen lediglich diejenige Gruppe darstellte, die sich besonders schwer damit tat. Das Ergebnis rechtfertigt den Versuch, eine, der christlichen Argumentation entgegen stehende, andere Einordnung des Edikts vorzunehmen. Zu diesem Zweck soll die Regierungszeit und die damit in Zusammenhang stehende Politik des Kaisers Decius näher untersucht werden.

III./2. Decius und das Imperium Romanum

III./2.1 Decius – Senator, Statthalter, Soldatenkaiser

C. Messius Quintus Decius wurde zwischen 190 und 200 n. Chr. in Budalia, bei Sirmium, Unterpannonien, geboren.[95] Er war damit, rechnet man den Thraker Maximinus nicht mit, der erste einer längeren, mit Unterbrechungen bis Gallerius reichenden Reihe von Kaisern mit einem persönlichen Hintergrund im Balkanraum.

---

[92] Ex 20,23.
[93] Cypr. de lap. 7.
[94] Dion. bei Eus. HE VI 41,11.
[95] Aur. Vict. Caesares 29,1.

Er wurde der erste „illyrische" Kaiser und entstammte dem illyrischen Volkstum, das sich seine ländliche Lebensform bewahrt hatte und dem Reich seit Ende des 2. Jahrhunderts unverbrauchte Heeresreserven zur Verfügung stellte.[96] Decius umgab den Kaiser Septimius Severus als eines der Häupter einer Leibwache, die aus illyrischen Soldaten bestand.

Die „illyrischen" Kaiser zeichneten sich fast alle durch eine Karriere als Berufssoldaten aus und gelangten erst – wie Diokletian und Maximian – im Militär zu einem sozial höheren Rang. Anders Decius: Er war bei seinem Herrschaftsantritt bereits Konsular und blickte auf eine lange senatorische Karriere[97] zurück. Inschriften bezeugen, dass er schon unter Severus Alexander 234 n. Chr. als Statthalter in *Moesia Inferior* amtiert hatte.[98]

Unter Maximinus Thrax, den er bis zuletzt unterstützte, hatte er eine Statthalterschaft in Spanien inne. Über seine Ehefrau Herennia Cupressiana Etruscilla, vielleicht auch seine eigene Familie, dürfte er über Beziehungen zur italischen Senatsaristokratie verfügt haben. Wohl auch seines senatorischen Prestiges wegen bestimmte ihn sein Vorgänger Philipp Arab im Jahre 249 n. Chr. zum Oberbefehlshaber an der Donaugrenze. Seine militärischen Erfolge führten dazu, dass ihn seine Truppen im Juni 249 n. Chr. in *Viminacium* zum Kaiser erhoben.[99]

---

[96] Gross, K., S. 615.
[97] Mirkovic, Miroslava, Sirminun – its History from the I Century A.D. to 582 A.D. in: Popovic, Vladislav (Hrsg.), Sirminum. Archaelogical Investigations in Syrmian Pannonia, Bd. 1, Belgrad 1971, S. 5-90.
[98] CIL III, 12519; 13724: 13758.
[99] Zos. I 22,1., zur Karriere und zur traditionellen Politik des Kaiser Decius siehe: Huttner, Ullrich. Zwischen Traditionalismus und Totalitarismus, Zur Ideologie und Praxis der Regierung des Kaisers Decius, in:

Nach anfänglichem Zögern, nahm er den Kampf mit Philipp auf. Der neue Kaiser Decius fand nach seinem Sieg bei Verona und mit dem Tode Philhipps in der Schlacht reichsweite Anerkennung.

Er zog nach Rom, feierte, auf seinen Münzen festgehalten, *adventus*, Ankunft, und nahm den Beinamen Traianus an. Aus den biographischen Daten sind folgende Aspekte besonders zu beachten: Mit Decius zeigte sich ein Usurpator illyrischer Wurzeln, ein Römer, dessen Ahnen erst vor einer Generation durch die *Constitutio Antoniniana* im Jahre 213 n. Chr. eingebürgert worden waren.

Die Annahme des neuen Beinamens durch Decius versteht sich programmatisch: Der Name „Traianus" sollte an den Kaiser Marcus Ulpius Traianus und damit an die senatsfreundliche Politik, aber auch an die militärische Sieghaftigkeit des *optimus princeps* Trajan (98-117 n. Chr.) erinnern. Er rekurrierte also mit der Namensannahme auf die Tradition des idealisierten Kaisertums.[100]

Wie sehr Decius als Traditionalist zu verstehen ist, zeigt eine Sockelnschrift aus dem Jahre 249, die wohl aus Oescus an der Donau in der Provinz Moesia Inferior stammt:

Deleto paene imperio Romano. Transformationsprozesse des Römischen Reiches im 3.Jahrhundert und ihre Rezeption in der Neuzeit, Klaus-Peter Johne/Thomas Gerhardt/Udo Hertmann (Hrsg.), Stuttgart 2006, S. 38.
[100] Bleckmann, B., Die Reichskrise des III. Jahrhunderts in der spätantiken und byzantinischen Geschichtsschreibung, München 1992, S. 288.

MP. CAES

C. MESSIO Q. TRAIAN

DECIO PF INVICTO AU

PONT MAX TRIB POT COS I ⌐ DESIGNATO PP PROCOS

REPERATORY DISCIPLINAE

MILITARIS FUNDATOR

SACR URBIS FIRMATORY

SP ⌐ SFO

[I]MP. CAES[ARI] / C. MESSIO Q. TRAIAN[O] / DECIO PF INVICTO AU[G] / PONT MAX TRIB POT COS I[I] DESIGNATO PP PROCOS / REPERATORY DISCIPLINAE / MILITARIS FUNDATOR / SACR URBIS FIRMATORY / SP[EI] ....SFO.... / ..[101]

Hier zeigt sich Decius als FUNDATOR SACR URBIS: Der Kaiser erkennt also ein traditionelles Rom, samt Senat und dessen Wertvorstellungen an.[102]

Um das Opferedikt des Kaisers richtig in seine Politik einordnen zu können, muss aus den Quellen eine Situation rekonstruiert werden, die das Handeln des Kaisers, d.h. den Erlass des Ediktes, angemessen erscheinen lässt.

---

[101] CIL III 12351= ILS 8922.
[102] Huttner, 2006, S.44ff.

III./2.2 Das Reich in der Krise

„quod dii vestri a nobis non colantur...“

„.. weil eure Götter von uns nicht mehr verehrt würden....“

(Cyprian, ad demetr. 3,4., 251 n. Chr.)

III./2.2.1 Kräfte von außen: Samaten, Skythen, Sassaniden

In seiner *Neuen Geschichte* schreibt der Byzantiner Zosimos, um 500 n. Chr., Folgendes zu den Ereignissen des Jahres 250 n. Chr.:

Es „*war die Lage des Reiches zutiefst erschüttert: Die Skythen hatten den Tanais überschritten und plünderten im thrakischen Lande. Nun zog Decius gegen sie heran.*“[103]

Schon Decius' Vorgänger hatten sich an den römischen Rhein- und Donaugrenzen mit verschieden Stammesgruppen zu beschäftigen: Sie fielen immer wieder, so 236 n. Chr. die Samaten und die Daker unter Maximinus Thrax, brandschatzend und plündernd in das Reich ein und zogen sich mit der Beute sogleich wieder hinter die Donaugrenze zurück. Zu Decius Zeiten fielen im Jahre 250 n. Chr. die Skythen[104], d.h. die Goten, unter ihrem König Kniva in Niedermoesien in das Römische Reich ein und drangen bis Thrakien vor. Kniva führte mehrere Stämme, die Karpen und Vandalen, an und fiel nicht mehr nur an der unteren Donau ins Reich, sondern beschäftigte die Römer entlang der gesamten

---

[103] Zos. Neue Geschichte I 23,1.
[104] Die Bezeichnung Skythen geht auf die „Chronik“ des Dexippos zurück, die Zosimus übernahm. Gemeint sind die Goten.

Balkangrenze. Untermoesien und Dakien waren besonders gefährdet. Gegen Kniva zog auch Decius und fand *„unter allseitigem Beschuss von Barbaren samt seiner Begleitung den Tod; und niemand vermochte dabei zu entkommen."*[105]

Im Osten des Reiches hatte sich die Lage bereits mit der Gründung des Neupersischen Reiches durch Ardaschir im Jahre 224 n. Chr. verschärft. Ardaschir, der sich auf Sasan als Dynastiebegründer berief, beanspruchte die Herrschaft in Parthien in einem vereinigten Reich: Die Sassaniden wurden zu den künftigen Rivalen Roms um die Herrschaft im Orient. Sein Sohn Schapur trat im Jahre 241 n. Chr. die Nachfolge an und dehnte seine Ansprüche auf die römische Provinz Mesopotamia aus, so dass es in der Folge zu Kriegen mit Rom kam. In den Jahren 243/44 n. Chr. führte Kaiser Gordian III. Krieg. Er eroberte in der Schlacht bei Rhesaena Mesopotamien zurück, kam aber bei einer Niederlage nahe Mesiche, westlich vom heutigen Bagdad, ums Leben, so dass sein Nachfolger Philipp Arab 244 n. Chr. notgedrungen Frieden schließen musste.[106]

Philipp Arab selbst kämpfte 246/7 n. Chr. an der Donau gegen die Karpen[107] und die Germanen. Er richtete eine Kommandantur für den Donauraum ein. Die Sassaniden blieben auch für Kaiser Decius eine Bedrohung. Zosimus' Beschreibungen zeigen, dass Kaiser Decius schon bei seinem Regierungsantritt mit einem großen Problem zu kämpfen hatte: Er hatte Schwierigkeiten mit der Grenzsicherung.

---

[105] Zos. I 23,3.
[106] Ebd. 19,1.
[107] Ebd. 20,2.

Das Reich des Kaisers war durch äußere Feinde, durch Germanen, Karpen und Sassaniden bedroht. Und noch ein weiteres Problem belastete Decius:

Nach Zosimus *„lebte Philippus nicht minder in Ängsten, denn er wusste ja um den Hass der Soldaten gegen ihre höheren Offiziere und Generäle dortzulande. Er forderte deshalb auch Decius auf, das Truppenkommando in Moesien wie auch in Pannonien zu übernehmen.“*[108]

Die Verluste, welche die Römer durch Plünderungen verschiedener germanischer und dakischer Stämme erlitten, waren erheblich; sie schürten Angst und Unruhe in der Bevölkerung. Beträchtlicher aber war möglicherweise die moralische Niederlage, die den Soldaten zu schaffen machte: die Zweifel, der richtigen Führung, dem richtigen Kaiser zu dienen.

Im Jahre 249 n. Chr. musste Decius von Philipp Arab zu aufständischen Donautruppen entsandt werden, um die Disziplin wieder herzustellen. Meuternde Soldaten waren nicht nur für Philipp, sondern auch für Decius eine Gefahr, denn die Grundlage der Herrschaft waren nicht Akklamation und Vollmachtübertragung, nicht das *imperium proconsulare* und die *tribunicia potestas*, kurz: nicht Legitimität, sondern neben dem Wohlwollen des Senats und der *plebs urbana* vor allem die Akzeptanz des Militärs. Flaig dazu: *„Den Herrscher hält ganz allein die Tatsache oben, dass er akzeptiert wird; verliert er seine Akzeptanz, dann stürzt*

---

[108] Ebd. 21,2.

er.[109] Die größte Erwartung an den Kaiser war seine Sieghaftigkeit, also militärisches Können und die Gewährung von Kaisernähe. In der Usurpation artikulierte sich der Wille der Truppen. Decius kannte diesen Vorgang durch seine eigene Usurpation: Er wurde zum Kaiser ausgerufen, obwohl Philipp noch im Amt war.[110]

Ein Zeichen dafür, dass Decius in hohem Maße von seinem Heer abhängig war und sich dieser Stütze seiner Herrschaft, welche dieselbe im Handstreich beenden konnte, bewusst war, zeigt die Münzprägung, die der Kaiser veranlasste.

Die Münztypen zeigen eine übermäßige Betonung des Militärs. Auf einem Antoninian aus dem Jahre 249/51 n. Chr.[111], der auf der Vorderseite den Kaiser Decius zeigt, ist auf dem Revers ein nackter Genius dargestellt. Nach links stehend mit dem Mantel über der Schulter hält er in der Rechten eine Patera, eine Opferschale, in der Linken ein Füllhorn, rechts neben ihm steht eine Standarte.

Umrahmt ist die Münze mit dem Schriftzug: *genius exerc Illyriciani.* Zum ersten Mal bezieht sich ein Rückseitenmotiv auf den Genius eines Heeresteils, genauer des Heeres, das im Donauraum den Kampf gegen die Goten bestanden hatte.

Decius als Herausgeber der Münze ist sich völlig bewusst, dass es dieses Heer war, das ihn auf den Kaiserschild gehoben hatte.

---

[109] Flaig, E., Für eine Konzeptionalisierung der Usurpation im spätrömischen Reich, in: Paschoud F./Szidat, J. (Hg): Usurpation in der Spätantike, Stuttgart 1997, S. 15-34.
[110] Zos. I 22,1.
[111] RIC 16 (c).

Antoninian des C. Messius Quintus Decius, 249-51 n. Chr. [112]

Avers: drapierte Büste des Traianus Decius nach rechts mit Strahlenkrone, Umschrift: IMP C M Q TRAIANVS DECIVS AVG

IMP[ERATOR] C[AIVS] M[ESSIVS] Q[UINTVS]

TRAIANVS DECIVS

AVG[VSTVS]

---

[112] RIC 16 (c).

Antoninian des C. Messius Quintus Decius, 249-51 n. Chr. [113]

Revers: nackter Genius nach links, Mantel über Schulter tragend, in der
rechten Hand eine Patera, in der linken Hand
ein Füllhorn, rechts daneben eine Standarte, Umschrift:

GENIVS EXERC ILLYRICIANI

GENIVS EXERC[ITVS]
ILLYRICIANI

---

[113] Ebd.

An der Verehrung des Heeres auf einer offiziellen Münze wird die Wichtigkeit des Militärs für den Kaiser ablesbar.

Das Wohlwollen des *Senats* und der *plebs urbana* tritt hinter dem Wohlwollen des *Heeres* zurück. Auf das römische Heer war aber nur Verlass, wenn der Kaiser erfolgreich war. Die Soldaten waren wegen der schwierigen Lage des Reiches skeptisch und jeder Zeit zum Aufstand bereit.

III./2.2.2 Schwächen im Innern
III./2.2.2.1 Verschlechterung in Wirtschaft und Handel

Auch im Innern des Reiches stand Decius vor Problemen. Eines davon war die Verschlechterung der Wirtschaft im Römischen Reich. Dazu liegt aus christlicher Sicht eine Klage in einem Brief aus der Sammlung des Cyprian von Karthago an den unbekannten Heiden Demetrianus aus dem Jahre 252 n. Chr. vor. Cyprian schreibt:

„Im Winter reicht die Regenmenge nicht aus, um Samen zu nähren, im Sommer kommt die gewohnte Hitze nicht, um das Getreide zur Reife zu bringen, die Zeit des Frühlings erfreut nicht durch milde Witterung und die Zeit des Herbstes bringt nicht so reichlich die Früchte der Bäume hervor. Aus den durchwühlten und erschöpften Bergen werden weniger Marmorschichten ausgegraben, die bereits ausgebeuteten Bergwerke liefern weniger Schätze an Silber und Gold, und die ärmlichen Erzadern nehmen von Tag zu Tag ab. Es verliert seine Kraft und erlahmt auf den Feldern der Bauer, auf dem Meer der Seemann, der Soldat im Lager, die Ehrlichkeit auf dem Markte, die Gerechtigkeit vor Gericht, in der Freund-

schaft die Eintracht, in den Künsten die praktische Kenntnis, in den Sitten die Strenge." [114]

Cyprians beschreibt hier die ökonomischen Probleme des Reiches: Er spricht von Hungersnot, beklagt den Rückgang der Edelmetallproduktion und bedauert das Veröden der Landwirtschaft. Diese Quelle Cyprians ist sehr wichtig, denn schriftliche Zeugnisse über den Stand der Wirtschaft sind rar. Dennoch ist Vorsicht geboten. Niemandem verschließt sich die Weltuntergangsstimmung, die Cyprian anspricht, wenn er die ökonomischen Missstände mit den Missständen in menschlichen Belangen parallelisiert, d.h., wenn mit dem ökonomischen Verfall auch Freundschaft, Ehrlichkeit und Gerechtigkeit verschwinden. Cyprian legt seine Sicht auf die Dinge offen: Er gibt dem Demetrianus, der die Christen für alles Unglück verantwortlich macht, zuvor zu verstehen, dass er, der als Heide nichts von der göttlichen Erkenntnis wisse und der Wahrheit fern stehe, zuallererst wissen müsse, dass die Welt am Ende ihrer Zeit angelangt sei, d.h. dass das Weltende bevorstehe:

„Du hast gesagt, wir seien die Ursache und uns müsse man all das zuschreiben, wodurch jetzt die Welt erschüttert und bedrängt wird, weil eure Götter von uns nicht verehrt würden. In dieser Hinsicht musst du, der du nichts weißt von der göttlichen Erkenntnis und der Wahrheit fern stehst, zuallererst wissen, dass die Welt bereits alt geworden ist, dass sie nicht mehr in solchen Kräften steht wie früher und nicht mehr von Lebenskraft und auch nicht mehr von Stärke strotzt wie ehedem." [115]

---

[114] Cypr. ad demetr. 3,4.
[115] Ebd. 3,3.

Cyprians Schrift hat damit einen apokalyptischen und apologetischen Charakter, denn sie stützt die christliche Vorstellung vom baldigen Weltende und versucht, den heidnischen Vorwurf des Demetrianus zu widerlegen. Cyprian schreibt weiter:

„Selbst wenn wir darüber schweigen und keine Beweise aus unseren heiligen Schriften und göttlichen Prophezeiungen vorbringen, bringt es die Welt selbst schon zum Ausdruck und bezeugt ihren Untergang, indem sie den Verfall der Dinge vor Augen führt."

Cyprian sieht das Weltende nahen und mit ihm die Erlösung vom Diesseits, dabei nimmt er vermutlich Bezug auf die Vier-Reiche-Lehre des Propheten Daniel.[116] Es ist keine Frage, dass Cyprian neben den wirtschaftlichen Problemen auch sogleich moralische ins Feld führt, um die christliche Einschätzung zu bekräftigen, die das Römische Reich als moralisch krank und verkommen empfindet. Dennoch kennzeichnen die angesprochenen Probleme eine tatsächliche Veränderung der wirtschaftlichen und sozialen Verhältnisse zu Ungunsten der Menschen im Römischen Reich. Es gibt über Cyprian hinaus nichtchristliche Zeugnisse, welche die Wirtschaft des Römischen Reiches in der Mitte des 3. Jahrhunderts beleuchten.

---

[116] Der Ursprung dieser Anschauung liegt in der spätjüdischen Geschichtsteleologie, die mit zwei Traumdeutungen des Propheten Daniel, Dan 2 und 7, begründet wurde. Danach wechseln sich vor dem Weltuntergang vier Reiche ab: zuerst das Reich der Babylonier, dann das Reich der Meder, der Perser. Das letzte Reich bei Daniel war das Reich der Griechenkönige nach Alexander dem Großen. Bei Paulus, 2 Tess 2, aber erfährt die Lehre eine Umdeutung: Paulus verlängert die Abfolge bis auf das Römische Reich, indem er frühere Epochen zusammenfasst.

Unbestritten ist die kontinuierliche Münzverschlechterung. Der Ursprung der Entwertung lag am Geldmangel unter dem das Kaiserreich
litt, da es immer mehr Funktionsträger und Soldaten zu besolden hatte.
Schon Kaiser Septimius Severus zog eine Naturalsteuer ein, um die
Armee besser versorgen zu können. Caracalla vergrößerte mit der *Constitutio Antoniniana* den Personenkreis, der Erbschaftssteuer zu zahlen
hatte, 212 n. Chr. mit der Ausdehnung des Bürgerrechts auf das gesamte Römische Reich. Die Kriegslasten, die durch den Einsatz des Heeres
an den Grenzen entstanden, sowie die Soldforderungen verlangten
enorme Geldmittel. Schon Decius' Vorgänger hatte darüber hinaus hohe
Abstandszahlungen an feindliche Völker gezahlt, um ihre Angriffslust
zu bremsen.[117] Die nach außen verlorene Stabilität wurde innen zu
einem Kostenproblem. Donative, welche die Loyalität der Soldaten
sicherstellen sollten, hatten die Kaiser gezwungen, immer mehr Geld
auszubezahlen, was nur durch die Wertminderung von Münzen zu er-
reichen war. So wurde der Silbergehalt des Denars vermindert; von
85% auf 75% durch Mark Aurel, auf 50 % durch Septimius Severus.
Caracalla schuf eine neue Münze, den Antoninianus, im nominellen
Wert eines Doppeldenars, der aber faktisch nur das Anderthalbfache
des Denars wog und denselben Feingehalt an Silber hatte und dessen
Silbergehalt so, praktisch um weitere 35%, vermindert wurde. Ebenso
reduzierte er den Gehalt des Aureus, einer Goldmünze, um 10%. Die
Verschlechterung nahm unter Decius weiter zu. Es sind zahlreiche An-
toniniane des Kaisers nachgewiesen, die auf Denare des Septimius Severus und seiner Nachfolger überprägt sind. Damit sank der Wert eines

---

[117] Zos. I 19,1.

Antoninians fast auf den Wert eines Denars herab, Denare, die oft kaum mehr als ein Dutzend Jahre zuvor geprägt worden waren.[118]

Dem Geldkreislauf entzogen, schwand das Vertrauen in die Währung und der Naturalientausch verstärkte sich. In der Folge wurde der Handel sowohl im Kernland als auch mit den Provinzen geschwächt, die von einer gut funktionierenden Geldwirtschaft abhingen. Die Münzverschlechterung wirkte dem Geldhandel entgegen und förderte den Tauschhandel. Eine Regionalisierung als Folge des Tauschhandels behinderte wiederum die ökonomische Einheit des Römischen Reiches. Kurz: Der Reichsbevölkerung ging es immer schlechter.

Die Anbetung des Kaisers durch die Reichsbevölkerung aber glich einem Vertrag – bestehend aus der Ehrung des Volkes gegen das *beneficium* des Kaisers als Gegenleistung. Hier zeigt sich die Verpflichtung des Decius', für den materiellen Wohlstand der Reichsbevölkerung zu sorgen. Die Kriegslasten waren die Hauptursache für die finanzielle Not. Decius also brauchte, wollte er das Problem lösen, als Erstes militärischen Erfolg gegen die feindlichen Völker. Sein Reich brauchte sichere Grenzen und Frieden.

III./2.2.2.2 Naturkatastrophen

Über den Krieg und seine Lasten hinaus machte ein weiteres Problem der Bevölkerung des Römischen Reiches zu schaffen: die Pest. Decius konnte solche Naturkatastrophen nach heutiger Erkenntnis kaum bekämpfen und erst recht nicht verhindern. Dem antiken römischen Ver-

---

[118] Kent, J. P.C., Overbeck B., Stylow, A. U., Die Römische Münze, München 1973, S. 47.

ständnis der möglichen Ursache der Pest folgend, war der Kampf gegen sie sehr wohl möglich und ganz sicher die Aufgabe des Kaisers.

Was aber war denn die mögliche Ursache der Pest im antiken Denken der römischen Bevölkerung? Cyprians Schrift bringt Licht in die Sache:

Der Bischof glaubt, dass die Tatsache, dass immer mehr Kriege an den Grenzen des Reiches ausbrechen und dass Dürre und Hunger die Bevölkerung in Angst versetzen, auch dass Krankheiten, vor allem die Pest, sich ausbreiten, nicht die Schuld der Christen sei. Er schreibt dem Demetrianus weiter:

„Denn dies geschieht nicht, wie deine falsche Klage und deine völlige Unkenntnis der Wahrheit mit Geschrei beteuert, weil eure Götter von uns nicht verehrt werden, sondern weil Gott von euch nicht verehrt wird."[119]

Cyprian spricht deutlich die unterschiedlichen Ansichten über die Ursache der Epidemie an. Aus heidnischer Sicht ist einzig die mangelnde Verehrung der Staatsgötter durch die Christen schuld an der Pest. Deshalb also müssen Christen die römischen Staatsgötter verehren, müssen Christen opfern.

---

[119]Cypr. ad demetr. 5,2: *„Non enim, sicut tua falsa querimonia et inperitia veritatis ignara iactat et clamitat, ista accidunt, quod dii vestri a nobis non colantur, sed quod a vobis non colatur Deus."*

III./2.2.2.3 Tempora mutantur: Die Überformung der römischen Religion

„Verehre du selbst das Göttliche auf jede Weise und überall nach den althergebrachten Bräuchen und zwinge die anderen dazu. Aber diejenigen, die neue Dinge in die Gottesverehrung einführen, sollst du verachten und strafen, nicht nur um der Götter willen, deren Verächter ja keine Ehrfurcht vor ihnen besitzen, sondern auch, weil diese Menschen, indem sie von sich aus neue Gottheiten einführen, viele dazu verleiten, nach fremden Bräuchen zu leben. Daraus entstehen Verschwörungen, Spaltungen und heimliche Zusammenschlüsse, die eine Gefahr für die Monarchie bedeuten."

(Cassius Dio, Römische Geschichte, 52,36, Anfang des 3. Jahrhunderts)

Nach Cassius Dio, der am Anfang des 3. Jahrhunderts schrieb, sprach der Senator Maecenas, der große Kunstförderer und Namensgeber aller nachfolgenden Mäzene, diese Worte einst vor Augustus. Seine Mahnung spiegelt seine Einsicht, spiegelt deutlich das altrömische Vertrauen in die Götter wider, welche die Existenz des Römischen Reiches unter der Herrschaft des Kaisers einzig durch ihre Verehrung nach althergebrachter Tradition sichern. Es sollten demzufolge alle fremden Kulte und religiösen Bewegungen bekämpft werden, weil sich mit den neuen Gottheiten neue Lebensgewohnheiten einstellten, woraus sich eine Gefahr für das Römische Reich unter dem Kaiser entwickeln konnte. Cassius Dio stand noch am Beginn des 3. Jahrhunderts ganz hinter dieser Meinung.

Die Funktion der Götter war es also, das Bestehen des Römischen Reiches zu sichern. Augustus habe deshalb, so Maecenas, die Pflicht, die Verehrung der römischen Götter zu überwachen, mehr noch: die religiöse Einheit in Bezug auf die Verehrung der Staatsgötter zu erzwingen. Das gelang Augustus nicht.[120]

Die Augusti der Mitte des 3. Jahrhunderts regierten insbesondere ein Reich, das von keiner religiösen Einheit getragen wurde. In der Zeit der äußeren Bedrohung an den Grenzen, aber auch der inneren Unsicherheit der Reichsbevölkerung war das Bedürfnis nach metaphysisch begründeter Sicherheit groß und die persönliche Beziehung zu einer Gottheit gab Geborgenheit. Die formalisierten römischen Staatskulte, aber auch die griechischen Mysterien, wie die Eleusinischen Mysterien oder die Dionysos-Mysterien, konnten kein individuelles Heilsverlangen befriedigen. So hatten die aus dem Orient importierten, vielfach hellenisierten Religionen immer mehr Raum eingenommen.

Es ist das typische Kennzeichen der Zeit, dass die Religionen sich über ihre Entstehungsgebiete hinaus ausbreiteten und es dadurch zur Beeinflussung der alten Religionen, d.h. zum Synkretismus, kam. Ein Kennzeichen des Synkretismus war die Identifikation der im Osten einheimischen Götter mit den griechischen, die *interpretatio Graeca*. Die jeweiligen Götter und Mythen vermischten sich. Darüber hinaus ist ein charakteristisches Merkmal dieser Götteridentifizierungen die Tendenz

---

[120] Zur gleichen Zeit wurde in Rom die Verehrung des verstorbenen Herrschers als des „divus" eingeführt – der Erste, dem solchermaßen göttliche Ehren erwiesen wurden, war Caesar als *divus Iulius*. In den Provinzen, vor allem im Osten, kam bald die Verehrung der Roma und des lebenden Herrschers hinzu. Es handelte sich um offizielle Staatskulte, um eine „Loyalitätsreligion" und nicht um Elemente einer Volksfrömmigkeit.

zum Monotheismus, wobei die Existenz vieler Götter nicht geleugnet, aber die Erkenntnis gewonnen wurde, dass die vielen Götter die Erscheinungsformen der einen göttlichen Potenz seien.

Der *Isis*- und der *Serapiskult* aus Ägypten, aber auch die kleinasiatischen Kulte der *Magna Mater* (der Kybele) und der *Attis* sowie der unter den Soldaten besonders beliebte persische *Mithraskult* hatten immer mehr Zulauf aus der Bevölkerung erhalten. Die hellenistische Kultur hatte auch ganz neue Formen hervorgebracht: Es fanden sich Kultgemeinden zusammen, die nicht Volkskult oder Staatskult waren, sondern sich über nationale und soziale Schranken hinaus weltweit in Gemeinden versammelten, ohne dass sich die Gemeinden jedoch untereinander vernetzten.

Die Mysterienreligionen sind dafür charakteristisch. Trotz der unterschiedlichen Herkunft der einzelnen Kulte boten sie alle Jenseits-Verheißungen, d. h. Gedanken an ein Leben nach dem Tode an und hatten durch den Verbund mit einer persönlichen Gottheit eine identitätsstiftende Wirkung und festigten innerhalb der Gruppen das Zusammengehörigkeitsgefühl.

Darüber hinaus hatten sie Antworten auf Fragen der Lebensführung, kurz: Sie gaben metaphysisches Geleit.[121] Das Vertrauen in diese Kulte war enorm gewachsen, es war die Zeit des Synkretismus.

---

[121] Fleck, Thorsten, Isis, Sarapis, Mithras und die Ausbreitung des Christentums im 3. Jahrhundert, in: Deleto paene imperio Romano. Transformationsprozesse des Römischen Reiches im 3.Jahrhundert und ihre Rezeption in der Neuzeit, Klaus-Peter Johne/Thomas Gerhardt/Udo Hertmann (Hrsg.), Stuttgart 2006, S. 249-314.

Kopf der Isis

S 703, Kapitolinische Museen, Rom.

Isis ist in der ägyptischen Mythologie die Göttin der Geburt, der Wiedergeburt und der Magie. Darüber hinaus galt sie als eine Totengöttin. Besonders in der Mitte des 3. Jahrhunderts haben viele Römer Isis für sich entdeckt. Sie ist zusammen mit ihrem Gemahl Osiris, aber auch mit ihrer Zwillingsschwester Nephthys, bis in die christliche Zeit hinein kultisch verehrt worden.

Ein Zeugnis der synkretistischen Religionspolitik des Alexander Severus überliefert die vita des Kaisers in der *Historia Augusta*:

„Sein gewöhnlicher Tagesablauf sah folgendermaßen aus: Zuerst hielt er, wenn es gestattet war, das heißt, wenn er nicht mit seiner Gemahlin geschlafen hatte, in den Morgenstunden eine Andacht in seiner Hauskapelle. Dort hatte er Bildnisse der vergöttlichten Kaiser – aber nur eine Auswahl der Besten – und der besonders ehrwürdigen Manen, darunter Apollonius und, nach dem Bericht eines zeitgenössischen Autors, Christus, Abraham, Orpheus und ähnliche Gestalten sowie die Porträts seiner Vorfahren." [122]

Hier wird die Toleranz, die den fremden Religionen entgegengebracht wurde, sichtbar. Kaiser Alexander Severus verehrte in seinem Lararium auf dem kaiserlichen Palatin, neben den Laren und Penaten, neben den Geistern der Toten einer pythagoreischen Tradition, auch...

„Christum, Abraham und Orfeus" ...

und damit die Sinnbilder des Christen- und Judentums, ferner griechische Gottheiten sowie seine römischen Vorfahren.

Die vita des Severus Alexander ist ein Bild des heidnischen Verfassers, das ganz auf die erwünschte Toleranz hinzielt. Die Severer jedoch begegneten allen Religionen aufgeschlossen, dabei spielte das Christentum keine besondere Rolle.

---

[122] HA Alex. Sev. 29,1-2.

Alexander Severus

Collezione Albani, MC 480, Kapitolinische Museen, Rom.

Marcus Aurelius Severus Alexander (208 – 235 n. Chr.) war vom 222 bis 235 n.Chr. römischer Kaiser. Er ist von Kaiser Elagabal zum Caesar, d.h. zum Nachfolger, bestimmt am Ende aber von meuternden Soldaten im Alamannenkonflikt an der Rheingrenze erschlagen worden. Der in religiösen Dingen sehr interessierte und bewusst tolerante Kaiser war der letzte der Severer-Dynastie.

Weiter ging sein Vorgänger M. Aurelius Antoninus: Wie stark die fremden Kulte seine Religionspolitik beeinflusst haben, zeigt der Versuch, seine Herrschaft an einen persönlichen fremden Gott, den syrischen Elagabal, zu binden.[123] Und in der religiösen Bewertung seines Vorhabens schreibt Cassius Dio:

„Das Vergehen [von Marc Aurelius Antoninus] bestand nicht darin, dass er einen auswärtigen Gott nach Rom eingeführt hatte und ihm in außerordentlich merkwürdiger Weise huldigte, sondern in dem Umstand, dass er ihn in der Rangordnung sogar vor Jupiter stellte..."[124]

Der Frevel war die offensichtliche Verleugnung der Priorität der römischen Religion. Rom reagierte auf die fremden Kulte grundsätzlich nicht feindlich, solange die Staatsgötter als oberste Götter verehrt, der Kaiserkult betrieben und die Sitte nicht verletzt wurde, konnte jeder persönlich im religiösen Bereich denken und tun, was er wollte.

Karl Christ dazu: *„[W]enn die orientalischen Kulte, wie die der Isisverehrung, abgelehnt und die Druiden bekämpft wurden, so deshalb, weil von deren Wirken Unruhen ausgingen und römische Sitten verletzt wurden.*"[125]

---

[123] Mitte 219 n. Chr. brachte der Kaiser bei seinem *avdentus Augusti*, dem Einzug des Kaisers, das Wahrzeichen des Kultes, den Mctcoritcn des Sonnengottes von Emesa, auf den Palatin, wo er auch die Herrschaftszeichen in einem El-Gabal geweihten Tempel niederlegte. Er empfand sich als *sacerdos Invicti Elagabali*, als Priester des Sonnengottes, worauf sich Senat und Kaiser entfremdeten. Wenig später, 222 n. Chr., wurde Elagabal mit Hilfe der Praetorianer umgebracht und die *damnatio memoriae* ausgesprochen.
[124] Cass. Dio 80,11,1.
[125] Christ, Karl, Römische Geschichte, Darmstadt 1973, S. 210.

Elagabal
Collezione Albani, MC 470, Kapitolinische Museen, Rom.
Marcus Aurellius Antoninus (204 – 222 n. Chr.) war von 218 bis 222 römischer
Kaiser, benannte sich nach dem syrischen Gott, dessen Kult er reichsweit ein-
führen wollte und legte das Wahrzeichen des Kultes, den Meteoriten des Son-
nengottes von Emesa, in einem El-Gabal geweihten Tempel auf den Palatin
nieder. Daraufhin kam es zum Konflikt zwischen ihm und dem konservativen
Römertum, zuletzt zu völliger Entfremdung zwischen Senat und Kaiser.

„Die Grenze der Toleranz im religiösen Bereich war dort erreicht, wo ein Kult nach dem Urteil der Polizeibehörden die öffentliche Sicherheit gefährdete."[126] Als ein Grund des Vorgehens gegen fremde Kulte galt praktizierte Kriminalität.[127]

Im religiösen Bereich hatten hellenistisch- römische Vorstellungen noch weite Verbreitung und die Verehrung der traditionellen alten Gottheiten blieb weiterhin konventionell. Dennoch machte sich in der Bevölkerung Gleichgültigkeit, Skepsis und Agnostizismus auf der einen, Magie, Astrologie und Popularphilosophie auf der anderen Seite breit. Als besonders wirksam gegen den Stand der traditionellen Gottheiten erwiesen sich die *interpretatio Romana* sowie die zunehmend bedeutungsvollen Mysterienreligionen.

Die relative Offenheit der Römer zeigte sich gerade in der Bereitschaft, die Gottheiten der eroberten Gebiete durch die Benennung jener nicht-römischen Gottheiten mit lateinischen Namen anzuerkennen. In der *evocatio* riefen die römischen Feldherren, wenn sie eine Stadt belagerten, die feindlichen Götter heraus, um sie zum Überlaufen in das römische Pantheon, das ihnen offenstand, zu bewegen, wodurch die kultisch-religiöse Basis des Reiches mit seiner Ausdehnung erweitert wurde. Eine Stadt, dergestalt von ihren Gottheiten verlassen, so glaubten die Römer – und hier zeigt sich deutlich die Abhängigkeit von der Gunst der Götter – ließ sich leicht einnehmen. Die Praxis der *interpretatio*

---

[126] Conzelmann, H./Lindemann, A., Arbeitsbuch zum Neuen Testament, 10. Aufl., Tübingen 1991, S. 159.
[127] Last, H. dazu: *„Die erhaltenen Zeugnisse führen vielmehr zu dem Schluss, dass man gegen fremde Kulte nur dann vorging, wenn man glaubte, dass sie zu Handlungen veranlassten, die zu allen Zeiten strafbar waren, ob sie nun religiösen oder anderen Motiven entsprangen.",* „Christenverfolgung II (juristisch)", RAC 2, 1954, S. 1209.

Romana sicherte das Wohlwollen der fremden Götter, die wiederum zum Bestehen des Reiches beitragen sollten. Doch gerade die Aufnahme der vielen Gottheiten in das Pantheon ging mit einem Sinnverlust, der eigenen, der alten römischen Religion einher.

Verglichen mit neuen religiösen Strömungen, die sich an personifizierten Gottheiten orientierten, war die alte römische Religion abstrakt. Mit dem *numen* wird das göttliche Handeln oder eigentliche Wirken bezeichnet und mit dem Gott selbst gleichgesetzt. Deshalb kennt die römische Religion ursprünglich auch keine bildliche Darstellung ihrer Götter: *„Die Mächte, die man spürt, werden in ihrem Wirken, in ihrer Funktion erfasst, nicht als festumrissene Person."*[128] Und der Römer glaubte fest daran, mit kultischen Handlungen diese Gottheiten zu vergegenwärtigen, d.h. das Wirken eines Gottes herbeischaffen zu können. Cumonts Darstellung[129], wonach das Verblassen der traditionellen römischen Kulte bis zur angeblichen Bedeutungslosigkeit, seinen Grund im Siegeszug orientalischer Religionen hat, ist zu einseitig.[130] Mindestens aber standen die neuen orientalischen Kulte wegen ihres Angebots der Ori-

---

[128] Latte, K., Gottesvorstellung, in: Handbuch d. Altertumswissenschaft, begr. von I. Müller, erw. von W. Otto, fortgef. von H. Bengtson, 5. Abt. Teil 4, Kap. IV, München 1976, S. 62.

[129] vgl. Cumont, F., Die orientalischen Religionen im römischen Heidentum, Leipzig 1931.

[130] Gegen das Argument der Verdrängung der alten Religion durch die neuen orientalischen Kulte spricht sich Geza Alföldi aus und schlägt die Ansicht einer Integration der neuen Kulte in das Römische Reich vor. Über die Auswertung von Inschriften, auf denen die orientalischen Götter wie Isis, Serapis, Mater Magna, Mithras usw. vorkommen, wird versucht, die These des Verdrängens der römischen Religion zu widerlegen. (Alföldi, G., Die Krise des Imperium Romanum und die Religion, in: Religion und Gesellschaft in der Römischen Kaiserzeit, Kölner Historische Abhandlungen, Bd. 35, Köln-Wien 1989, S. 53-102, S. 74f.

entierung in der Lebensführung in starker Konkurrenz zur alten römischen Religion. Den Menschen fehlte der gemeinsame Sinnhorizont, der zu republikanischen Zeiten mit Heimat- und Götterverehrung feste Prinzipien geschaffen hatte. [131] Dass aber die traditionelle Götterverehrung und das römische Kultwesen nicht völlig verblasst waren, zeigt nicht nur Cyprians Bemühung, die römischen Götter und Kulte immer wieder ins Lächerliche zu ziehen.[132]

Für die Belebung altertümlicher Formen der römischen Kulte während des 3. Jahrhunderts sprechen vor allem die donauländischen Provinzen, die im Kontakt mit den äußeren Feinden standen. Die Verehrung der alten Götter in diesen Grenzzonen bezeugt die bedeutende Rolle, die das Heer bei der religiösen Rückbesinnung hatte.[133] Mars war als Kriegsgott, auch in der Münzprägung, so stark herausgestellt wie früher und stellt in den Limeszonen Pannoniens, Moesiens und Dakiens die Mehrzahl der Statuen.[134]

---

[131] So weiß sich Iuvenal schon im ersten Jahrhundert über das Vertrauen vornehmer Damen in die östlichen Kulte zu amüsieren. Iuv. Sat. 6,512: *„Was immer ein Astrologe sagt, glauben sie, werde von der Quelle Ammons berichtet,...falls ein Augenwinkel vom Reiben juckt, verlangen sie die Salben nach Prüfung des Horoskops; selbst wenn sie [eine vornehme Frau mit dem Hang zu östlichen Kulten] krank danieder liegt, erscheint ihr keine Stunde für die Aufnahme von Nahrung geeignet, wenn sie nicht ein ägyptischer Priester angab."*
[132] Pietri, L./Flamant, J./Gottlieb, G., Die Krise des Römischen Reiches und die Frage der Religion, in: Pietri, Luce (Hg.), Die Zeit des Anfangs (bis 250), Die Geschichte des Christentums Bd. I, Freiburg 2003, S. 11.
[133] G. Alföldi nennt das Militär in diesen Provinzen die Basis der konservativen und restaurativen Strömungen, Alföldi, G., Römische Heeresgeschichte. Gesammelte Beiträge 1962-1985. Mavors II, Amsterdam 1987, S. 38f.
[134] Domaszewski, A. von, Die Religion des römischen Heeres, Trier 1895, S. 33.

III./2.3 Zusammenfassung: Das Imperium im Zerfall

Folgende fünf Punkte konnten herausgearbeitet werden:

1. Kaiser Decius hat Probleme mit der Grenzsicherung. Sein Reich wird durch äußere Feinde bedroht.

2. Das römische Heer steht nur hinter ihm, wenn der Kaiser erfolgreich ist. Meuterei und Usurpation stellen eine ständige Bedrohung für ihn dar.

3. Das Reich des Decius ist gezeichnet von einer schlechten wirtschaftlichen Lage.

4. Naturkatastrophen bedrohen die Bevölkerung.

5. Orientalische Religionsformen treten stark in Konkurrenz zur traditionellen römischen Religion, die einen Sinn- und Funktionsverlust erleidet.

III./2.4 Einordnung des Edikts: Die Gnade der Götter erzwingen

Alle fünf Punkte könnten sich als Folgeprobleme eines einzigen religiösen Problems verstehen lassen, das sich gerade mit dem Wesen der römischen Religion selbst – in Verbindung mit der historischen Situation um 250 n. Chr. – erklären lässt: Die römische Religion ist eine *„do-ut-des-Religion"*: Ich gebe, damit du gibst, ist der wesentliche Inhalt der Beziehung zu den Gottheiten. Damit hatte das *„des"*, das Geben der Götter, d.h. das Gedeihen des Römischen Reiches unter dem Kaiser, das *„do"* der Untertanen, das Opfer an die Götter, zur Bedingung.

Die Aufgabe des Kaisers, für das Wohl des Reiches zu sorgen, verlangte deshalb die Sorge um die Pflege der reziproken Beziehung zwischen den Menschen und den Göttern. Denn wie beim Kaiserkult dem Herrscher, musste den Göttern Verehrung gezollt werden. Und wie beim Kaiser durfte man im Gegenzug ein *beneficium* erwarten. Wurde die Reichsbevölkerung vom Herrscher im Stich gelassen, konnte sie ihm das Vertrauen entziehen, gleiches galt für die Götter. Dennoch wird umgekehrt deutlich, dass die Götter, sorgen sie für das Heil des Reiches, einen legitimen Anspruch auf Verehrung durch Opferhandlungen haben.

Da nun die gesamte Lebenswelt inklusive der Politik in die religiöse Weltdeutung eingebunden war, dürfen, wie sich gezeigt hat, römische Politik und römische Religion nicht als zwei voneinander getrennte Bereiche betrachtet werden.

Innerhalb des alten römischen Religionsverständnisses ist die schlechte Lage des Römischen Reiches in der Mitte des 3. Jahrhunderts ein Zeichen dafür, dass die römischen Götter, unabhängig davon, wie stark sie gegenüber den orientalischen Göttern auch waren, de facto vernachlässigt worden waren.

Synkretistische Religionspolitik führte das Reich, so gedeutet, in große Schwierigkeiten. Deshalb war es für den Kaiser höchst wichtig, sich im Sinne der Mahnung des Maecenas zu besinnen und sich der Gunst der alten römischen Götter erneut zu versichern.

Eine Möglichkeit, der mangelnden Pflege kultischer Verehrung der römischen Götter und der damit im Zusammenhang stehenden miserablen Lage des Römischen Reiches entgegenzutreten, war die Anordnung einer reichsweiten *supplicatio*. Das Edikt sollte sie reichsweit durchsetzen. Vogt: *„Das Ganze war ein dem Stil des Jahrhunderts entsprechender Versuch, durch kollektive Frömmigkeit die Gnade der Götter* *zu verewigen."*[135] Nach Molthagen konnte *„das den Göttern dargebrachte Opfer damit zugleich eine Huldigung für den Kaiser beinhalten. Wahrscheinlich dachte Decius auch an diesen Aspekt des Opfers, als er zu einer allgemeinen Supplikation aufrief...Vielmehr aber lag ihm alles an der allgemeinen und beständigen Verehrung der alten römischen Götter, die den Kaiser schützten und das Reich erhielten."*[136]

Mit Molthagens Erklärung kann Laktanz' Sichtweise auf die Motive der Kaiser modifiziert und das Handeln des römischen Staates besser erklärt werden.[137]

---

[135] Vogt, J., „Christenverfolgung I", S. 1185.

[136] Molthagen, J. S. 74.

[137] Andere Meinungen aus der Forschung über das Motiv des Edikts: Caspar legt den Akzent auf das zielgerichtete Vorgehen gegen die Kirche, vgl. Caspar, E., Geschichte des Papsttums, Bd. I, Tübingen 1930. S. 58; Bludau geht von einer Beschränkung des Edikts nur für die Christen aus: *„Dem Gesetzgeber muss es bekannt gewesen sein, dass ein Christ, der geopfert hatte, von der Gemeinde ausgestoßen wurde. Indem er [Kaiser Decius] nun alle Christen zum Opfer zu zwingen gedachte, hoffte er, Christus seiner Anhänger zu berauben. Die Kirche sollte aufhören zu existieren."*, vgl. Bludau, A., Die ägyptischen Libelli und die Christenverfolgung des Kaiser Decius, Römische Quartalschrift, 27. Supplementheft, Freiburg 1931, S. 37f.; Ehrhard glaubt wie Caspar an ein bewusstes Vorgehen gegen die Kirche, vgl. Ehrhard, A., Die Kirche der Märtyrer, München 1932, S. 63; Nach Liesering wurden die Supplikationen veranstaltet, um den Kaiser zu stärken. Supplikationen wurden zu Zeiten des Kaiser Decius *„nur noch veranstaltet, um Fürbitten für den Kaiser und sein Haus oder Dankgebete für Erfolge desselben oder Errettung aus Gefahren an die Gottheit richten zu lassen"*, vgl. Liesering, E., Untersuchung zur Christenverfolgung des Kaiser Decius, Diss. Würzburg 1933, S. 40.; Lietzmann: Decius beabsichtigte *„die Vernichtung der gefährlichen Religion von innen heraus"*, denn der Verordnung steht *„es an der Stirn geschrieben, dass sie eigentlich einen negativen Zweck hatte: es sollten die widerspenstigen Christen im ganzen Reich ermittelt und unschädlich gemacht werden, und man gab sich der Hoffnung hin, durch Drohungen die überwiegende Mehrzahl der Staatsreligion wieder zu-*

Die Feststellung, die sich aus dem Vergleich der christlichen Quellen mit den römischen amtlichen libelli ergeben hat, dass nämlich das Edikt des Kaisers Decius keineswegs explizit – religiös motiviert – gegen die Christen gerichtet war und doch gegen sie, die auf Grund der exklusiven monotheistischen Gottesvorstellung maßgeblich betroffen waren, vorgegangen werden musste, erklärt sich aus der Einsicht, dass die Religionspolitik des Decius auf der Übereinstimmung mit den traditionellen römischen Anschauungen beruhte, d.h. *„auf der Vorstellung, dass nur die Einheit zwischen Staatsvolk und Kultvolk in der rechten Verehrung der traditionellen Garantiegötter das Gedeihen von Reich und Herrschaft sichern werde. Sondern sich Teile der politischen Gemeinde von Reich und Herrschaft ab, so ist es Aufgabe des Staates, dem entgegenzuwirken."*[138]

Der Traditionalist Kaiser Traianus Decius suchte, in Besinnung auf die Tradition des idealisierten Kaisertums, nach einer neuen Fundierung seiner Macht, außerhalb der rechtlich formalen Legitimation, die, wie gezeigt, den Umständen des Soldatenkaisertums unterlag. Er suchte göttliche Legitimation durch die Wiederbelebung der traditionellen Werte, der traditionellen Religion.

Eine Inschrift, die auf einem Statuenpostament 1901 im Hafen von Aquileia gefunden wurde, zeigt das kaiserliche Streben, die alten Kulte wieder zu beleben:

---

rückzuführen.", vgl. Lietzmann, H., Geschichte der alten Kirche, Bd. II, 2. Aufl. Berlin, 1953, S. 165; Nach Moreau beabsichtigte Decius die Stärkung der Reichseinheit zwischen dem kämpfenden Heer und der Zivilbevölkerung, die auch ihr Äußerstes in Form von Loyalität durch ein Opfer hergeben musste, vgl. Moreau, J., S. 84f.

[138] Gottlieb, G., Christentum und Kirche in den ersten drei Jahrhunderten, Heidelberg 1991, S. 103f.

```
        SIGNUM
    DEI NEPTUNI IUSSU
    IMP CAES


    P F AUG PONT MAX TR
    POT III COS II PROCOS PP
       RES PUBLICA
      AQUILEIENSIUM
        RESTITUIT
```

SIGNUM / DEI NEPTUNI IUSSU / IMP(eratoris) CAES(aris) [C(aii)

MESSI / QUINTI TRAIANI DECI] / P(ii) F(elicis) AUG(usti)

PONT(ificis) MAX(imi) TR(ibunicia) / POT(estate) III CO(n)S(ulis)

II, PROCO(n)S(ulis) P(atris) P(atriae) / RES PUBLICA /

AQUILEIENSIUM / RESTITUIT [139]

Diese Statue wurde in den letzten Monaten des Jahres 250 n. Chr. errichtet und mit ihr zeigt sich ein Vorgang, bei dem eine Götterstatue nicht von einer Einzelperson, sondern von einer gesamten Stadtgemeinde auf ausdrücklichen Befehl des Kaisers Decius im Zuge der restaurativen Religionspolitik wiederhergestellt wurde.

Hier zeigt sich u. U. die Idee des Kaisers, dass die traditionelle Religion Roms bewahrt bzw. erneuert werden musste, in dem Akt des Wiederherstellens einer Statue des altrömischen Gottes Neptun auf kaiserliches Geheiß. Dabei sollte die Religion möglicherweise aus der Privatsphäre von einer Lokalreligion zu einer Reichsreligion werden.

---

[139] Zu dieser Inschrift Alföldi, G., Römische Statuen in Venetia et Histria, S.46, S. 92., nach *Huttner 2006* ist aus dieser Inschrift nicht mit Sicherheit herauszulesen, ob es sich um eine Adhoc-Anweisung für Aquileia oder ob es als Teil einer reichsweiten Anordnung handelt, siehe Huttner 2006, S. 47.

III./3. Rom hat gesprochen – Wer widerspricht?

„...sola vobis reliquimus templa."
„...nur die Tempel haben wir euch übrig gelassen."
(Tertullian apol. 37,4-5, im Jahre 197 n. Chr.)

III./3.1 Die Anzahl der römischen Christen

Kaiser Decius wollte mit dem Opfer der Reichsbevölkerung das Wohlwollen der Götter erzwingen, wollte das Reich mit Hilfe der Götter wieder zu Sicherheit und Blüte zurückzuführen. Jetzt, da viele Christen
seiner Anordnung nicht nachkamen, stieß sein Vorhaben auf Widerstand. Um eine Vorstellung vom passiven Kampf gegen den Erlass des
Kaisers zu erhalten, muss nach der Anzahl der Christen im Reich gefragt werden. Konkrete Zahlen für den zu untersuchenden Zeitraum
finden sich bei Euseb in einem Brief des Cornelius von Rom, den er 251
n. Chr. an Fabius von Antiochien richtete. In dem Brief macht Cornelius
Angaben über die Mitglieder der römischen Gemeinde, in der es *„46
Presbyter, sieben Diakone, sieben Subdiakone, 42 Akoluthen, 52 Exorzis-
ten, Lektoren und Türwächter und über 1500 Witwen und Hilfsbedürftige
gibt, welche alle die Gnade und Güte des Herrn ernährt."*[140]
Cornelius spricht des Weiteren von einer *„durch die Vorsehung Gottes
reiche und wachsende Zahl"* an Christen. Er überliefert hier die Zahl der
Menschen – rd. 1700 – die von der Kirche finanziell unterstützt werden.
Die Untersuchung Grants schließt daraus für die römische Gemeinde

---

[140] Eus. HE VI 43,11.

auf eine Anzahl von mehr als 15 – 20000 Christen.[141] Neueren Angaben zu folge hat es zu Beginn des 3. Jahrhunderts etwa 5 Millionen Christen gegeben. 10 % der Reichsbevölkerung wären damit Anhänger des Christentums gewesen.[142] Zahlen liefert auch Stark: Er gibt für den Anfang des 3.Jahrhunderts ca. 2200000 Christen im Reich an. Für die Mitte des 3.Jahrhundert bestimmt er 1,2 Millionen und zu Zeiten Diokletians (Kaiser zwischen 284 und 305 n.Chr.) sollen es 6 Million Christen unter 60 Millionen nichtchristlichen Römern gewesen sein.[143] Dass die Zahl der Mitglieder tatsächlich angestiegen war, zeigen die immer häufiger vorkommenden Synoden und die hohe Anzahl der teilnehmenden Bischöfe. Schon bei der Synode um 220 n. Chr. über die Gültigkeit der Ketzertaufe, auf die Cyprian[144] hinweist, nahmen unter Leitung des karthagischen Bischofs Agrippinus etwa 70 afrikanische und numidische Bischöfe teil. Auf der Synode zu Lambese bzw. Karthago, die nicht später als 240 n. Chr. stattfand, berieten sich schon 90 Bischöfe.[145] Allein aus diesen Angaben lässt sich auf den Zuwachs von christlichen Gemeinden schließen. Bedacht werden sollte hierbei, dass immer nur ein Teil der Bischöfe an den Synoden teilnahm, so dass die tatsächliche Zahl noch höher war.

---

[141] Grant, M. R., Christen als Bürger im Römischen Reich, Göttingen 1981, S. 16f.

[142] MacMullen, Ramsay, Christianizing the Roman Empire (A.D. 100-400) 1984, S. 32; S. 135f.

[143] Stark, Rodney, The Rise of Chrsitianity, A Sociologist Reconsiders History, Princeton 1996, S. 4-13.

[144] Cypr. epist. 71,4.

[145] Harnack A. v., Die Mission und Ausbreitung des Christentums in den ersten drei Jahrhunderten, 4. Aufl., Leipzig 1924, S. 894f.

Die Anzahl der Christen im gesamten Reich aber anzugeben, ist schwer. Es darf angenommen werden, dass das Christentum vom Urchristentum an stetig gewachsen war und am Ende des 2. Jhs. mögen es mehrere zehntausend Christen gewesen sein. In der Mitte des 3. Jhs. waren Christen jedenfalls immer noch eine Minderheit. Karl Christ schätzt, dass in der Mitte des 3. Jahrhunderts etwa 5% der Gesamtbevölkerung Christen gewesen sind.[146]

III./3.2 Die geographische Verbreitung

Was die geographische Ausbreitung betrifft, wirkt Tertullians Beschreibung der Ausbreitung über die Reichsgrenzen hinaus übertrieben. In seiner Schrift *adversus Iudaeos* berichtet er von den Grenzgebieten der hispanischen und verschiedenen Völkerschaften der gallischen Provinzen sowie von Gebieten, die von den Römern noch nicht betreten worden sind, wie die der Britanier hinter dem 122/7 n. Chr. errichteten Hadrianswall, der Samaten im heutigen Südrussland, der Daker im heutigen Rumänien hinter dem dakischen Limes, der Germanen im linksrheinischen Gebiet und im rechtsrheinischen Dekumatenland, dem Gebiet zwischen Rhein und Donau im heutigen Baden-Württemberg und dem der Skythen im südlichen Russland:

„Dort überall ... [...] herrscht der Name Christus, der schon gekommen ist, denn vor ihm haben sich ja die Tore aller Städte geöffnet und in keiner blieben sie verschlossen, vor ihm sind die eisernen Riegel zersprungen und die ehernen Türflügel haben sich aufgetan."[147]

---

[146] Christ, K., Geschichte der römischen Kaiserzeit, S. 690.
[147] Tert. adv. Iud. 7,4.

Hier zeigt sich die christlich- heilsgeschichtliche Argumentation Tertullians, denn er bezieht sich in diesem Zusammenhang auf frühchristliche Schriften: auf den Brief des heiligen Paulus an die Epheser. Nach ihm zu urteilen, wird Christus über *„alle Reiche, Gewalt, Macht, Herrschaft und was sonst noch genannt werden mag, nicht allein in dieser Welt, sondern auch in der künftigen"*[148] herrschen. Tertullian verlässt sich auf die Worte des Paulus und hält die Ausbreitung des Christentums in diesen Gebieten, ohne sich davon überzeugt zu haben, mittlerweile für gegeben. Bisher hat sich das Christentum im Reich ausgebreitet, also wird es sich woanders ebenso ausgebreitet haben. Was bislang im Reich geschah, ist auch anderswo geschehen.

Tatsächlich waren diese Gebiete noch nicht christianisiert. Die Zentren, von denen die Mission des Christentums ausging, blieben bis ins 4. Jh. hinein Kleinasien, Syrien-Palästina, Ägypten, Nordafrika, Südspanien, Mittelitalien, Griechenland und Rom. In diesen Gebieten konnte sich die Kirche weiter ausbreiten. Von hier aus gelangte das Christentum zu neuen Zentren wie das östliche Syrien, Mesopotamien, das südöstliche Spanien und Nordafrika. Von den Städten behauptet Tertullian:

„Dass wir wirklich handeln [d.h. für des Kaisers Wohl beten], wie die göttliche Geduld es uns lehrt, kann euch hinlänglich klar sein, aufgrund der Tatsache, dass eine so große Zahl von Menschen wie wir, fast der größere Teil in jeder Stadt, sich ruhig und loyal verhält."[149]

---

[148] Eph 1,21.
[149] Tert. an scap. 2,10.

Die Behauptung Tertullians, die Christen seien „fast der größere Teil in jeder Stadt...“[150], ist selbst für Nordafrika übertrieben.[151] Viel stärker war das Christentum in das südöstlich gelegene Äthiopien gedrungen. Aber auch hier ist eine hohe Zahl an Christen erst für die Mitte des 4. Jahrhunderts anzunehmen, als das Königshaus von Aksum den christlichen Glauben annahm. 197 n. Chr. jedenfalls fasst Tertullian seine Sicht in der Schrift *apologeticum* so zusammen:

„Seit gestern erst gibt es uns, und schon haben wir den Erdkreis und alles, was euch gehört, überflutet: Städte und Inseln, befestigte Dörfer, Bürgergemeinden, Marktflecken, selbst Heerlager, Stadtbezirke und Dekurien, Palast, Senat und Forum, nur die Tempel haben wir euch übrig gelassen.“[152]

In dieser Quelle mischen sich geographische und soziale Aspekte der behaupteten Ausbreitung der Christen. So versucht Tertullian, indem er Städte und Inseln, Dörfer, Bürgergemeinden und Marktflecken mit Christen bevölkert, eine ausgedehnte Verbreitung des Christentums innerhalb des ganzen Reiches nahezulegen. Geographisch wie sozial zieht sich die Ausbreitung bis in die *castra*, die Heerlager, also bis in die militärischen Standorte, hinein.[153]

---

[150] „...pars paene maior civitatis...“
[151] Kötting, B., „Christentum I (Ausbreitung)“, RAC 2, 1954, S. 1156f.
[152] Tert. apol. 37,4-5:„Hesterni sumus, et orbem iam et vestra omnia implevimus, urbes insulas, castella municipia, conciliabula, castra ipsa, tribus, decurias, palatium, senatum, forum. Sola vobis reliquimus templa.“
[153] Die frühesten christlichen Soldaten bezeugt er um 172 n. Chr. in. Apol. 5,6; an scap. 4,6. Es handelt sich dabei um Soldaten der *legio XII fulminata*.

III./3.3 Die soziale Ausbreitung der Christen

Interessant ist im *apologeticum*[154] auch Tertullians Sicht der Christenausbreitung auf sozialer Ebene: Nachweislich zeigt sich, dass es in Tertullians Zeit schon Christen unter den Soldaten, sogar christliche Offiziere gab.[155] Tertullian bezeugt darüber hinaus, dass sich Christen auch unter die Palastangehörigen gemischt haben.[156] Was das Eindringen der Christen in den Senatorenstand betrifft, dürfen Zweifel erhoben werden. Christen sind im römischen Senat bis zu dieser Zeit nicht bekannt.[157] Dennoch wird diese Stelle als Beleg dafür gesehen, dass römische Senatoren mit ihren Familien begannen, sich dem christlichen Glauben zu zuwenden.[158]

Euseb macht auch Angaben über heidnische Personen in hohen Stellungen, die sich dem Christentum zuwenden. In der *Historia Ecclesiasti-*

---

[154] Tert. apol. 37,4-5.

[155] Schöllen, G., Ecclesia sordida? Zur Frage der sozialen Schichtung frühchristlicher Gemeinden am Beispiel Karthagos zur Zeit Tertullians, JbAC Ergänzungsband 12, Münster 1984, S. 235f.

[156] Tertullian spricht auch von einem Christen, der im kaiserlichen Palast des Septimius Severus beherbergt wurde. Tert. an scap. 4,5-6: „Frauen und Männer[n] senatorischen Ranges, von deren Zugehörigkeit zu dieser Gemein*schaft [der Christen] er wusste, [tat er]...nicht nur nichts zuleide, sondern ehrte sie durch sein Zeugnis und widerstand öffentlich dem Volk, das gegen uns wütete...*"

[157] Cass. Dio beschreibt im Jahre 220/30 n. Chr. in LX VII 14, 1-2 den Mord Kaiser Domitians im Jahre 94/95 n. Chr. an dem Konsul Favius Clemens und die Verbannung der Flavia Domitilla, beide der Gottlosigkeit, *asebia*, angeklagt. Auch Euseb greift in HE III 18,4 darauf zurück und behauptet, dass Flavia ihres Bekenntnisses zum Christentum wegen verbannt worden sei. Dass sich beide zum Christentum bekannten, ist bis heute umstritten.

[158] Eck schenkt der Stelle Vertrauen, vgl. Eck, W., Das Eindringen des Christentums in den Senatorenstand bis zu Konstantin d. Gr., Chiron 1, 1971, S. 383f.

ca beschreibt er die Einladung des Origines durch Sextius Furnius Iulianus, Statthalter von Arabien. Origines hat ihn um 213/14 n. Chr. besucht:

„Zu dieser Zeit, als Origines in Alexandria lebte, brachte ein Angehöriger des Heeres dem Demetrius, dem Bischof der Gemeinde, und dem damaligen Statthalter Ägyptens einen Brief von dem Statthalter Arabiens mit der Bitte, ihm mit größter Eile den Origines zu schicken, damit dieser ihn unterrichte. Und so gelangte Origines nach Arabien; aber nach kurzer Zeit schon erfüllte er den Zweck seiner Reise und kehrte wieder nach Alexandria zurück.“[159]

Der Statthalter also hatte bei seinem ägyptischen Kollegen und beim Bischof von Ägypten angefragt. Deutlich wird hier, dass sich der Statthalter in der kirchlich organisierten Hierarchie der Gemeinde auskennt und dass er, der Heide, sie anerkennt. Inwiefern es aber einen christlichen Einfluss auf den Statthalter gab, ist nicht überliefert. Origines jedenfalls schaffte es nach Eusebs Bericht im Winter 232/33 n. Chr. bis an den kaiserlichen Hof in Antiochia:

„Der Ruf des Origines hatte sich überallhin verbreitet, so dass er auch der Mutter des Kaisers [Severus Alexander] zu Ohren kam, die Mamae hieß und eine gottesfürchtige Frau war, wie es kaum eine zweite gab. Ihr lag viel daran, den Mann persönlich kennen zu lernen und eine Probe seines von allen bewunderten Wissen um die göttlichen Dinge zu erhalten.“[160]

---

[159] Eus. VI 19,12-15.
[160] Ebd. 21,2-4.

Dass die Mutter des Kaisers den Origines kennen lernen wollte, um ein Wissen von den christlich geprägten göttlichen Dingen zu erlangen oder möglicherweise konvertiert war, darf bezweifelt werden, da sie auch in der *Historia Augusta*, d.h. also von heidnischer Seite, als kluge und verständnisvolle Frau beschrieben wird, die ihren Sohn, was religiöse Inhalte betrifft, sorgfältig erzogen hatte.

Auf der anderen Seite wird auch der besonders rege Briefkontakt des Origines mit Kaiser Philipp Arab, dem Vorgänger des Kaiser Decius, zwischen 244- 249 n. Chr. bestätigt. Euseb:

„Es wird von Origines auch ein Brief an den Kaiser Philippus selbst überliefert und ein weiterer an dessen Gattin Severa sowie verschiedene andere Briefe an verschiedene Personen. So viele wir von diesen Briefen, die an verstreuten Orten von verschiedenen Leuten aufbewahrt wurden, sammeln konnten – es waren mehr als hundert – haben wir in eigenen Büchern zusammengestellt, damit sie nicht mehr zerstreut werden können."[161]

Da es in den Briefen höchstwahrscheinlich um christliche Inhalte ging, müsste das Kaiserpaar auch am Christentum interessiert gewesen sein. Weshalb Euseb jedoch einen thematisch christlichen Inhalt der Briefe bzw. ein christliches Bekenntnis des Kaisers nicht erwähnt, ist merkwürdig. Dass dem Kaiser Philipp Arab ein christliches Bekenntnis nachgesagt wurde, bezeugt Euseb dennoch an anderer Stelle: *„Von ihm erzählt man sich, dass er Christ war und an der letzten Ostervigil mit dem*

---

[161] Ebd. VI 36,3.

Volk teilnehmen wollte."[162] Besondere Beachtung verdient hier die Tatsache, dass es sich nur um ein Gerücht handelte. Offensichtlich ist Euseb davon selbst nicht überzeugt, sonst hätte er eine andere Formulierung gewählt. Das Bekenntnis des Kaisers Philipp Arab muss also angezweifelt werden. Auch Dionysius spricht in der Kirchengeschichte Eusebs von Christen in hoher sozialer Stellung und von römischen Beamten, die zur christlichen Gemeinde gehörten und zum Opfern aufgefordert wurden:

„Von den Vornehmeren fanden sich auf der Stelle viele aus Furcht ein, während die Beamten von ihrer beruflichen Tätigkeit weggeholt wurden; andere von ihnen ließen sich von ihren Freunden hinzerren."[163]

Die christliche Seite mit Tertullian und Euseb bzw. Dionysius versucht natürlich aus eigenem Interesse nachzuweisen, dass Christen in der ersten Hälfte des 3. Jahrhunderts schon in sozial angesehen Stellungen und hohen Schichten zu finden sind. Die Tatsache aber, dass hier nur die christliche Seite spricht, sowie die angegebenen Zweifel, mahnen zur Vorsicht und weisen möglicherweise auf eine übertriebene Darstellung, also auf ein Wunschdenken der christlichen Autoren hin.[164] Die

---

[162] Ebd. VI 34,7.
[163] Ebd. VI 41,11.
[164] Dennoch: Einen deutlichen Hinweis darauf, dass eine beachtliche Zahl von Senatoren und Magistraten Christen waren, liefert der Brief des Cyprian. Darin beschreibt der Bischof, dass Valerian 258 n. Chr. in einem 2. Edikt allen christlichen Caesariani, dem Kaiser zugeordneten christlichen Beamten, Senatoren und Rittern, Ehre und Besitz nehmen wollte. Der Erfolg der Mission war beachtlich und hatte demnach die Oberschicht erreicht. Siehe Cypr. epist. 80.

heutige Forschung ist sich fast einig, dass das Christentum eine religiöse Bewegung war, deren Gläubige sich nicht durch eigenen Besitz ernähren konnten[165] und sich deshalb auf Handel und Handwerk verstehen mussten. Deshalb bildeten die unteren Bevölkerungsgruppen wie Handwerker, Tagelöhner und Sklaven die Mehrheit der Christen.

Grundsätzlich aber drang das Christentum in fast alle Schichten ein [166] und nicht wenige Christen hatten zur decianischen Zeit öffentliche Ämter inne.

Dennoch vermitteln die christlichen Quellen den Eindruck, dass die Christenheit eine sehr große Gemeinschaft gewesen sei, die sich bis an das Kaiserhaus herangetastet habe und durch die sich der christenfeindliche Kaiser bedroht gefühlt haben könnte. Am Ende aber zeigt die Kritik der Quellen, dass die Ausbreitung der Christen in hohe soziale Stellungen hinein im großen Stil zu bezweifeln ist und die Mehrzahl der Senatoren und hohen ritterlichen Funktionäre zu den römischen Göttern stand.[167]

---

[165] Es gab auch Ausnahmen. So kritisiert etwa Cyprian das Verhalten reicher Christen, die das Vermögen höher schätzten als den Glauben. Siehe Cypr. de lap. 11;12.

[166] Vogt, J., Die Sklaven und die unteren Schichten im frühen Christentum, in: Sklaverei und Humanität, Studien zur antiken Sklaverei und ihrer Erforschung, Historia Einzelschrift 44, Ergh. 1983, S. 63 f.

[167] Die Untersuchung von über 500 Weihinschriften, die von Vertretern der Führungsschicht gestiftet wurden, zeigt, dass beinah alle Inschriften den römischen Göttern gewidmet sind. Selten nur wurde anderen Gottheiten eine Inschrift geweiht. Gottheiten östlicher Kulte erhielten fast nie eine Inschrift, siehe Eck, W., Religion und Religiosität in soziopolitischen Führungsschichten der Hohen Kaiserzeit, in: Eck, W. (Hg.), Religion und Gesellschaft in der römischen Kaiserzeit, Kolloquium zu Ehren von F. Vittinghoff, Köln-Wien 1989, S. 15-51.

III./3.4 Ergebnis der Betrachtungen

In der Mitte des 3. Jhs. waren Christen mit etwa 5% an der Gesamtbevölkerung eine Minderheit im Römischen Reich. Christen waren vor allem in den unteren Bevölkerungsgruppen anzutreffen, aber dennoch in fast allen Schichten vertreten. Palästina, Syrien, Kleinasien, Griechenland und Rom waren bis in das 4. Jh. hinein die Zentren, von denen aus sich die Christen in das östliche Syrien und Mesopotamien, in das südöstliche Spanien und Nordafrika ausbreiteten. Kaiser Decius hatte kein politisches Motiv, sich mit seiner Religionspolitik gegen eine religiöse Minderheit zu richten. Die Konfrontation mit den Christen ergab sich erst, als sie das Opfer verweigerten. Kaiser Decius konnte schlicht seinen Plan, sich die Gunst der alten römischen Götter durch eine reichsweite *supplicatio* erneut zu sichern, nicht umsetzten, hier musste der Kaiser nachsetzen und dagegen vorgehen.

III./4. Die junge Kirche in Gefahr: Das Opferedikt und die Folgen
III./4.1 Abgefallen vom Glauben: die *lapsi*

„Extra ecclesiam salus non est."
„Außerhalb der Kirche gibt es kein Heil!"
(Cyprian, epi. 73,21 im Jahre 251 n. Chr.)

Mit Cyprians Brief, den ihm die römische Gemeinde im Jahre 250 n. Chr. zukommen ließ, verfügt die historische Forschung über eine christlich-zeitgeschichtliche Dokumentation der Ereignisse unter Kaiser Decius. Der römische Klerus schreibt, wie schon erwähnt, an Cyprian und weist auf frühere Briefe hin...

„... in denen wir euch in klaren Ausführungen unsere Meinung über dieje-
nigen Personen vorgetragen haben, die sich selbst durch das unerlaubte
Bekenntnis ihrer ruchlosen Opferbescheinigungen als Ungläubige ent-
larvt hatten, im Glauben, sie könnten dadurch den umgarnenden Schlin-
gen des Teufels entrinnen...."[168]

Der Brief zeigt das Problem, das in der Folge des Opferedikts des Decius
auf die christliche Gemeinde zukam: Während der Umsetzung des Ediktes waren viele Christen nach den Vorstellungen des römischen Klerus
durch das Opfer von ihrem Glauben abgefallen. Diese *lapsi*, die Gefallenen, die Abtrünnigen also, die geopfert hatten oder auf andere Art an
eine Opferbescheinigung herangekommen waren, aber baten um eine
Wiederaufnahme in die christliche Kirche.

Cyprian hatte schon zuvor im 27. Brief dem römischen Klerus die Mit-
teilung gemacht, dass viele der *lapsi*, jetzt nach der Durchführung der
decischen Maßnahme, sich der Schuld bewusst waren, ihren Gott ver-
leugnet zu haben und nach Frieden mit der Kirche drängten. In der
Frage der Behandlung jener abtrünnig gewordenen Christen unterschied der Klerus die Art, wie jemand abgefallen war: Es gab die Gruppe der *libellatici*, die sich, wie der Briefwechsel zeigt, gegen Beste-
chungsgeld eine Opferbescheinigung, nicht nur in Karthago, sondern
auch im Rom, hatten ausstellen lassen.

Innerhalb der *libellatici* gab es Christen, die sich vom Opfern persönlich
ferngehalten und sich durch einen Stellvertreter die Bescheinigung
besorgt hatten. Darüber hinaus gab es andere Christen, die sich persönlich eine Bescheinigung von den Behörden geholt hatten. Sie alle jedoch

---

[168] Cypr. epist. 30.

fielen in Misskredit beim römischen Klerus, der Folgendes an Cyprian schrieb:

„Wir haben euch auch unsere Meinung über diejenigen Personen vorgetragen, die sich eine Bescheinigung hatten ausstellen lassen, wenn sie auch beim Ausstellen der Bescheinigung persönlich nicht anwesend waren, da sie ja doch durch den Antrag auf eine solche Bescheinigung ihre Anwesenheit vorgegeben hatten, denn an einem Verbrechen ist nicht derjenige unschuldig, der bewirkt hat, dass es geschah...“[169]

Einige der Abgefallenen schienen über die angesprochene Praxis hinaus bedenkenlos durch die Fürsprache von Bekennern wiederaufgenommen worden zu sein. Diesen Bekennern, die für ihren Glauben gelitten hatten, wurde schon in früheren Auseinandersetzungen mit der Staatsmacht das Recht eingeräumt, von ihrem überschüssigen Verdienst quasi abzugeben. Mit ihren *libelli pacis* gaben sie schriftlich, aber auch mündlich als Autorität dem Wunsch Ausdruck, die betroffenen *lapsi* wieder in die christliche Gemeinde zurückzunehmen. Hier wurde also Missbrauch betrieben.

Cyprian war mit der Praxis nicht einverstanden und ging gegen eine zu laxe, vor allem aber unkontrollierbare Wiederaufnahme vor. In der karthagischen Gemeinde Cyprians gab es während seiner Flucht aber andere Stimmen, die mit den *lapsi* milder verfahren wollten, d.h. die Wiederaufnahme der Abgefallenen zu erleichtern gedachten. Darüber hinaus waren einige Gemeindemitglieder bestrebt, in diesem Vorhaben die Unterstützung Roms zu bekommen.

---

[169] Ebd. 30,3.

III./4.2 Der Streit um die Wiederaufnahme der Abgefallenen

Aus dem unterschiedlichen Verhalten von Konfessoren und Apostaten entstanden Spannungen innerhalb der organisierten Gemeinde. Insbesondere erschien den Konfessoren, die am eigenen Leib Folter erfahren hatten, das Verhalten der flüchtigen Bischöfe suspekt. Gerade Bischöfe standen im besonderen Maße unter Druck: Erstens erwartete die Gemeinde von ihnen eine christlich strenge Haltung. Zweitens waren sie, da meistens aus der Führungsschicht der Städte stammend, den lokalen heidnischen Beamten und Priestern wohlbekannt und konnten sich kaum dem Opfer entziehen. Drittens mussten die Bischöfe bei offizieller Opferverweigerung mit Gefängnis oder gar mit Todesstrafe rechnen, wodurch sie wiederum ihren Aufgaben der finanziellen Verwaltung und geistigen Leitung der Gemeinde nicht nachkommen konnten.

Cyprian, der Hauptzeuge der Ereignisse unter Kaiser Decius und Valerian, entzog sich dem Opferedikt jedenfalls durch Flucht, versorgte jedoch in dieser Zeit nach seinem Selbstzeugnis Christen, die in Not geraten waren, mit seinem eigenen Vermögen.[170] Dadurch genoss er bei den Laien hohes Ansehen, Teile des Klerus aber gaben sich zurückhaltend: Von sechs bis acht Priestern, die Cyprian an seiner Seite hatte, waren fünf zu seinen Gegnern geworden. Zudem verhielten sich die römischen Konfessoren, deren Oberhaupt Fabianus den Tod auf sich genommen hatte, Cyprian gegenüber höchst reserviert, denn sie hatten Standhaftigkeit erwartet.[171]

---

[170] Ebd. 8: Der römische Klerus fordert Cyprian auf, dem Vorbild ihres Oberhauptes Fabianus nachzueifern und den Glaubensschwachen beizustehen. Mit der Flucht Cyprians waren sie nicht ganz einverstanden.
[171] Für die Regierungszeit des Decius sind nur wenige Martyrien in den Quellen bezeugt: Neben Bischof Fabian von Rom ist auch der Tod des

Während also die Abgefallenen um Wiederaufnahme in die Gemeinde baten und Bischöfe wie Cyprian sich nach wie vor aufgrund ihrer leitenden Aufgabe, die sie nicht aufgeben durften[172], als Leiter der Gemeinde fühlten[173], forderten obendrein diejenigen Christen, römische und karthagische Konfessoren, die ihren Glauben auch vor den Behörden bekräftigt und die jeweiligen Maßnahmen über sich hatten ergehen lassen, ein größeres Mitspracherecht sowie Gnadenvorrechte in der Sündenvergebung aufgrund ihres Verdienstes.[174] Konkret hatten sie via Empfehlungsschreiben einzelne Gemeinden aufgefordert, Gefallene schnell in die Kirche zurückzunehmen.

Der Konflikt um Cyprian spitzte sich zu, als sich Teile der karthagischen Gemeinde weigerten, einem Bischof zu unterstehen, der sich durch Flucht entzogen hatte bzw. strengere Forderungen für die Wiederaufnahme der *lapsi* stellte als die Bekenner selbst.

Babylas, Bischofs von Antiochia, im Gefängnis bei Eus. HE VI 39,4 bezeugt. Ebenso findet sich bei Eus. HE VI 39,2-3 der Tod des Alexander, Bischofs von Jerusalem, beschrieben. Bei Cypr. epist. 24,1 ist der Tod des Caldonius, des Bischofs einer ungenannten numidischen Stadt erwähnt.

[172] Nach Cyprian ist der Bischof von Gott eingesetzt und nur ihm verantwortlich. Siehe Cypr. epist. 3, auch de eccl. 5.

[173] Cyprian war nicht der einzige Bischof, der sich dem Opferedikt durch Flucht entzogen hatte. Selbstdarstellungen ihrer Flucht liefern die Bischöfe Dionysius von Alexandrien, in Eus. HE VI 40,1-9, der Bischof Chäremon von Nulis, Eus. HE VI 42,3, eine größere Anzahl von Bischöfen, die aus Italien und den Provinzen nach Rom flohen, gibt Cypr. epist. 30,8 an.

[174] vgl. zum Bußrecht: Plöchl, W.M., Geschichte des Kirchenrechts, 2. Aufl., Wien – München 1960, S. 82-86 und Frend, W.H.C., The Rise of Christianity, Philadelphia 1984, S. 409-411.

III./4.3 Schisma in Karthago: Bischof Cyprian und der Diakon Felicissimus

Wegen der unterschiedlichen Auffassungen hinsichtlich des Umgangs mit Gefallenen also drohte die christliche Gemeinde Karthagos in zwei Lager zu zerfallen; inzwischen hatte sich nicht nur Skepsis, sondern eine feste Opposition gegen Cyprian unter der Führung des Diakons Felicissimus herausgebildet, die sich den Priester Fortunatus zu ihrem Bischof wählten. Felicissimus gewann mit seinem Programm der Milde gegenüber den vielen Abgefallenen zahlreiche Anhänger und drohte nun, alle Anhänger Cyprians zu exkommunizieren.[175] Cyprian, der auf seinen Bischofsstuhl zurückkehren wollte, drohte im Gegenzug die Anhänger des Felicissimus aus der Gemeinde Christi auszuschließen.

Am Osterfest 251 n. Chr., während Kaiser Decius in Moesien gegen die Goten kämpfte, verließ Cyprian sein Versteck und kehrte nach Karthago zurück. Im Frühjahr 251 n. Chr. trat in Karthago ein Konzil zusammen und bestätigte Cyprian in seinem Amt, schloss dabei Felicissimus aus der Kirche aus. Eigens zur Vorbereitung auf dieses Konzil verfasste Cyprian die Schrift *de lapsis*, die er verlas. Cyprians Ziel war es, die Lösung des Gefallenenproblems ausschließlich zur Sache des Klerus zu machen. So diktierte er, was anschließend beschlossen wurde: Bedingung für die Wiederaufnahme aller Gefallenen, auch der *libellatici*, war die Buße und das öffentliche Bekennen des Vergehens, verbunden mit der an einen Priester gerichteten Bitte, durch Handauflegung Vergebung zu erfahren. Die *libelli pacis*, schriftlich oder mündlich von einem Bekenner oder Märtyrer gestiftet, seien am Jüngsten Tag wichtig, den-

---

[175] Cypr. epist. 41,2.

noch könne nur Gott allein vergeben.[176] Cyprians Anschauungen über die Bußpraxis sind für die Entwicklung des Bischofsamtes von großer Bedeutung: Sie setzten sich in einem streng geregelten Bußverfahren durch, das allein in der Hand des Bischofs lag, der von Gott mit entsprechender Vollmacht ausgestattet ist. Allein die cyprianische Praxis der Buße machte die Rückkehr für die Gefallenen in die Kirche möglich. Aus der Gefallenenfrage, die eine Folge des kaiserlichen Edikts war, resultierte ein historisch bedeutender Vorgang: Mit der Handauflegung, die den Gefallenen wieder in die Kirche eingliederte, steht der Priester als Zwischenglied zwischen dem christlich- göttlichen Willen und den Gläubigen: *„Indem der Reumütige mittels Handauflegung durch den Priester wieder in die Gemeinschaft aufgenommen wird, macht sich die Kirche zur Interpretin der göttlichen Vergebung."*[177] Cyprian zieht darüber hinaus alle Kompetenzen um die Buße an den Bischof.[178] Durch diese Kirchenpraxis hat Cyprian das Amt des Bischofs in seiner Entwicklungsgeschichte weiter gestärkt und die kirchliche Steuerung der Bußpraxis vorangebracht.[179]

---

[176] Cypr. de lap. 29.

[177] Pietri, C./Markschies, C., Eine neue Geographie, in: Die Zeit des Anfangs (bis 250), Pietri, Luce (Hrsg.), Die Geschichte des Christentums Bd. I, Freiburg 2003, S. 651.

[178] Die alte Bußpraxis sah anders aus: Tertullian stellt in seinem Werk *de paenitentia* eine Bußliturgie dar. Der Sünder legte vor der Gemeinde ein öffentliches Bekenntnis seiner Sünden ab und wurde exkommuniziert. Im Trauerkleid bat er unter Fasten und Selbstanklage die Gemeinde um Fürbitte und Wiederaufnahme. Nach einigen Wochen erfolgte dann die Rekonziliation, die Wiederaufnahme in die Gemeinde.

[179] Cyprians Gegner formierten sich in einer Opposition zur Sonderkirche der Reinen, *katharoí*, ihr Führer war der römische Presbyter Novatian. Er richtet sich gegen Cornelius, der römischer Bischof geworden war, eine Stelle, die Novatian selbst gern eingenommen hätte. Er zog

Festzuhalten ist also folgender Punkt: Das Edikt des Kaiser Decius, das sich, wie gezeigt, nicht explizit gegen den christlichen Glauben richtete, stellte die Kirche vor ein großes Problem: Die Lösung des Problems jedoch auf dem Konzil von Karthago im Jahre 251 n. Chr. festigte den Aufgabenbereich des Bischofs und damit die hierarchische Struktur der organisierten Kirche, die sich wiederum für ihr Fortleben als ungeheuer wichtig erweisen wird.

III./4.4 Abtrünniger in Rom: Novatians Kirche der „Reinen und Heiligen"

Kaum war das Schisma des Felicissimus überstanden, bahnte sich ein neues an, das sich ebenso an der Frage im Umgang mit den lapsi entzündet hatte. Der Führer der priesterlichen Partei in Rom, die gegen Cyprian agierte, war der römische Presbyter Novatian. Er ließ sich im Jahre 251 n. Chr., als Cornelius zum Bischof von Rom gewählt wurde, zum Gegenbischof wählen und gründete seine eigene Kirche, die der *„Reinen und Heiligen."*[180]

Novatian lehnte jede Vergebung schwerer Sünden seitens der Kirche grundsätzlich ab, überließ das Urteil darüber einzig Gott und schickte vorab seine Abgesandten in die Provinzen, um weitere Bischöfe von der Richtigkeit seiner Ansichten zu überzeugen. Cornelius, der Bischof von

---

viele Anhänger in Karthago und Rom auf seine Seite und sprach sich gegen Cornelius' und Cyprians Vorstellungen für einen lebenslangen Ausschluss der Abgefallenen aus der Gemeinde aus. Novatian konnte sich in dem Konflikt nicht durchsetzen. Zur Auseinandersetzung um Novatian und Cyprian vgl. Cypr. epist. 49; 50.
[180] Eus. HE VI 43.

Rom, bestärkte jedoch die Ansichten Cyprians in der Gefallenenfrage."[181]

Auf dem afrikanischen Konzil im April des Jahres 251 n. Chr. jedoch wurde Novatian aus der Kirche ausgeschlossen und seine Kirche zu einer Kirche von Schismatikern ausgerufen.[182] Der Nachfolger des Cornelius, Stephanus, förderte den Zusammenhalt zwischen Rom und Karthago und auch im Osten hielt Dionysus von Alexandrien, der Novatian die Schuld an der Spaltung der Kirche gab[183], fest zum römischen Bischof.

Hier wird deutlich, dass es den Bischöfen in der Folge des decischen Ediktes gelang, Einigkeit zu erlangen, wodurch es ihnen wiederum möglich wurde, alle Christen in einer Kirche zu organisieren, denn es gelang der christlichen Gemeinschaft unter bischöflicher Führung der Versuchung, sich den Schismen zu beugen und sich in kleine spirituelle Randgruppen aufzusplittern, der christlichen Botschaft und des Sendungsauftrages Jesu Christi wegen, zu widersetzen.

III./5. Das Christentum unter Decius: Geeinte Kirche – gestärkter Bischof

1. Der römische Staat betrachtete bis zur Zeit des Kaisers Decius das Christentum nicht als politischen Gegner. Es ist von staatlicher Seite weder ein politisch noch religiös auffälliges Verhältnis zu den Christen erkennbar.

---

[181] Cypr. epist. 49; 50.
[182] Ebd. 45.
[183] Eus. HE VI 43,5 –22; 46,3; VI 45.

2. Das Opferedikt des Kaisers Decius kann nicht als Fortsetzung oder Erweiterung des Edikts Kaiser Trajans verstanden werden. Neu war der staatliche Opferzwang mit schriftlicher Bestätigung durch die Behörden.

3. Der Vergleich der christlichen Quellen mit den römischen amtlichen *libelli* zeigt: Das Edikt des Kaisers war nicht gegen den christlichen Glauben gerichtet.

4. Eine neue Einordnung des Ediktes lässt sich wie folgt beschreiben: Dass das Römische Reich unter Kaiser Decius, das sich in einer wirtschaftlich prekären Lage befindet, von Naturkatastrophen heimgesucht und durch äußere Feinde bedroht wird, mochte innerhalb des alten römischen Religionsverständnisses so interpretiert werden: Die reichsweite Konkurrenz der orientalischen Kultformen führt zu einem Sinn- und Funktionsverlust der traditionellen römischen Religion. Die traditionellen römischen Götter sind von der römischen Bevölkerung kultisch vernachlässigt worden. In der Folge stehen die Kräfte der traditionellen römischen Götter dem Kaiser und dem Volk nicht mehr bei.

5. Das Edikt, d.h. der Befehl einer reichsweiten *supplicatio* ist eine Möglichkeit, der mangelnden Verehrung der römischen Götter entgegenzutreten. [184]

---

[184] An dieser Stelle muss auf einen Aufsatz Bruno Bleckmanns verwiesen werden: Beim decischen Edikt handle es sich seiner Intention nach nicht um das Erhaschen der Göttergunst, sondern einzig – angesichts der einzigartig instabilen Herrschaftslage des Kaisers – um die Sicherstellung Loyalität lokaler Eliten, die den Vorgänger des Kaiser Decius, Philippus Arab, noch immer unterstützten und somit eine beständige Gefahr für Decius blieben. Vor allem dem Kaiser sollte geopfert werden. Bleckmann weist jedoch richtigerweise noch einmal darauf hin: *„Selbst wenn – was niemand bestreiten wird – der Kaiser die alten Kulte pflegte,*

6. Viele Christen sahen sich aufgrund ihres exklusiven Monotheismus nicht in der Lage, den heidnischen Göttern bzw. dem lebenden Kaiser ein Opfer darzubringen und weigerten sich, dem Edikt nachzukommen.

7. Wegen der Vorstellung, dass nur die Einheit zwischen Staatsvolk und Kultvolk in der rechten Verehrung der traditionellen Garantiegötter das Gedeihen von Reich und Herrschaft sichern könne, musste Kaiser Decius gegen die sich weigernden Christen vorgehen.

8. Das Ergebnis des innerkirchlichen Streits um die Art der Wiederaufnahme der durch das heidnische Opfer vom Glauben abgefallenen Christen als Folge des Opferediktes stärkte die christliche Kirche in zwei wesentlichen Punkten:

8.1 Durch die neu definierte Amtsbefugnis der Bischöfe im Bußverfahren, d.h. durch die Bußvollmacht des Bischofs als ein wesentliches Element der kirchlichen Hierarchie, als Mittelstellung zwischen dem gläubigen Christen und seinem Gott, festigte sich die Struktur und Ordnung innerhalb der Kirche.

8.2 Durch die Einigkeit der Bischöfe wiederum gelang die Organisation aller Christen in einer einzigen Kirche.

---

fehlt ein expliziter Hinweis darauf, dass die Rückbesinnung gerade auf die altrömische Tradition in besonderer Weise die Aufforderung zum allgemeinen Opfer begründet haben soll". Es bleibt richtig, dass das Motiv des Kaisers offenbleibt, da in den nichtchristlichen Quellen kein direkter Wortlaut zu finden ist, der ausdrücklich besagt, dass den traditionellen römischen Göttern geopfert werden muss. Hier müssen christliche Quellen (Cyprian) herangezogen werden oder wie bei Bleckmann, sehr lesenswert, im Zusammenhang mit der Usurpation des Kaisers spekuliert werden. Siehe dazu: Bleckmann, Bruno, Zu den Motiven der Christenverfolgung des Kaisers Decius, in: Deleto paene imperio Romano. Transformationsprozesse des Römischen Reiches im 3. Jahrhundert und ihre Rezeption in der Neuzeit, Klaus-Peter Johne/Thomas Gerhardt/Udo Hertmann (Hrsg.), Stuttgart 2006, S. 61.

IV. Kaiser Gallus: Ein römischer Gott als Helfer – Apollo Arnazi
IV./1. Gallus und das Christentum

Der Rest des Heeres, der bei der Schlacht in der Sumpfgegend bei Dobrudscha gegen die Goten um Kniva, seinen Kaiser Decius verloren hatte, rief C. Vibius Afinius Trebonianus Gallus zum Kaiser aus. Augusti waren nun Gallus und C. Valens Hostilianus Messius Quintus, Sohn des Decius, der jedoch des Gallus eigenem Sohn, dem C. Vibius Afinius Gallus Veldumnianus Volusianus, zum Caesar erhoben, nicht zum Konkurrenten wurde: Decius' Sohn starb Ende 251 n. Chr. an der Pest.

In Bezug auf die Christenpolitik des Kaisers Gallus findet sich bei Euseb aus dem Jahre 303 n. Chr. eine Bemerkung, die er dem Zeitzeugen Dionysius von Alexandrien zuschreibt. Dionysius sagt demnach Folgendes über den Kaiser:

„Aber auch Gallus erkannte nicht die Schuld des Decius und bedachte nicht, was jenen zu Fall gebracht hatte. Er stieß an denselben Stein an, den er doch hätte sehen müssen. Denn während seine Regierung glücklich war und alles nach Wunsch verlief, verbannte er die heiligen Männer, welche für seinen Frieden und sein Wohlergehen zu Gott beteten. Er verfolgte also mit diesen Männern auch Gebete, welche für ihn dargebracht wurden." [185]

Gallus also habe den gleichen Fehler gemacht wie Decius, heißt es hier. Seine Christenfeindlichkeit sei schuld an seinem Fall und da Christen für das Wohl des Kaisers beteten, sei er selbst schuld, wenn sein Wohlergehen ihn verlasse. Von Verfolgung und Verbannung heiliger Männer

---

[185] Ebd. 1.

ist hier die Rede. Auch sollen Cornelius, Bischof von Rom, und einige andere Christen verbannt worden sein.[186] Dass unter Trebonianus Gallus Maßnahmen gegen Christen stattgefunden haben, bezeugt auch der Zeitzeuge Cyprian von Karthago im Herbst 251 n. Chr., da er schreibt:

„Denn es sei ferne von der römischen Kirche, dass sie in ihrer Kraft mit so gottloser Leichtfertigkeit nachlässt und die Triebfedern ihrer Strenge durch Zerstörung der Erhabenheit des Glaubens zunichte macht, ferne sei auch, dass man jetzt, wo die abgefallenen Brüder immer noch nicht nur vernichtet am Boden liegen, sondern immer noch tiefer stürzen, das allzu übereilte ...Heilmittel der Wiederaufnahme gewährt...“[187]

Cyprian legt hier seine Vorstellungen über den richtigen Umgang der Kirche mit den Gefallenen dar. Wichtig im Zusammenhang mit Kaiser Gallus aber ist die Aussage, dass die abgefallenen Christen, *„nicht nur vernichtet am Boden liegen, sondern immer noch tiefer stürzen...“* [188]. Diese Stelle kann als Hinweis genommen werden, dass im Zusammenhang mit dem Opferedikt des Kaisers Decius immer noch Christen, lokal begrenzt, zum Opfern gezwungen wurden.[189] Der Versuch, das Opferedikt durchzusetzen, muss mindestens bis zum April des Jahres 252 n. Chr. gedauert haben, denn Cyprian, jetzt selbst betroffen, sah sich gezwungen, in einem Brief, den er an Cornelius, den Bischof von Rom,

---

[186] Cypr. epist. 60,1.
[187] Ebd. 30,3.
[188] Ebd.: *„...cum adhuc non tantum iaceant, sed et cadant eversorum fratrum ruinae...“*
[189] Alföldi, A., Zu den Christenverfolgungen in der Mitte des 3. Jahrhunderts, in: Studien zur Geschichte der Weltkrise des 3. Jhs. n. Chr., Darmstadt 1967, S. 298f.

gerichtet hatte, die Anschuldigungen seiner Feinde zu bestreiten. Cyprian:

„Wenn [ein Bischof] eben in diesen letzten Tagen, in denen ich dies Schreiben an dich verfasse, wegen der Opfer, die das Volk aufgrund eines veröffentlichten Erlasses darbringen sollte, von der Menge von neuem mit lautem Geschrei für den Löwen im Zirkus verlangt wurde, ... so ist es klar, wer der Angreifer ist..."[190]

Der Angreifer ist für Cyprian der Widersacher Christi, der Teufel. In erster Linie ist weder das Bezeugen heidnischer Forderungen, Christen vor die Löwen zu werfen, noch die Schuldzuweisung interessant. Viel wichtiger ist der Hinweis auf einen Erlass, den Kaiser Trebonianus Gallus gegeben haben soll, der die Christen zu einem Opfer zwang.

IV./2. Das „Opferedikt" des Kaisers

„ARN – AZI"
„Dem Heilgott Apollo Arnazi ein Opfer"
(Avers einer Dupondius-Münze aus den Jahren 251/253 n. Chr.)

Dass Trebonianus Gallus ein solches Edikt erlassen hat, ist dabei durchaus denkbar, denn eine Pest suchte um diese Zeit das Reich heim und der Kaiser mag tatsächlich vom Gott Apoll Hilfe erwartet haben. Der nämlich findet sich auf seinen Münzen: Ein Aureus der Münzstätte Rom aus den Jahren 251/253 n. Chr. zeigt auf der Vorderseite eine drapierte

---

[190] Cypr. epist. 59,6.

und gepanzerte Büste des Trebonianus Gallus, der sich mit einem Lorbeerkranz in der Hand nach rechts wendet. Das Bild der Rückseite ist hier wichtiger: Es zeigt einen nackten Apollo, der in der rechten Hand einen Zweig, in der linken die Lyra haltend auf einem Felsen sitzt. Die Umschrift APOLL SALUTARI ist zu lesen.[191] Apoll Salutaris ist ein Heilgott.

Noch deutlicher wird eine andere Münze: Ein Dupondius aus Messing der Münzstätte Rom aus den Jahren 251/253 n. Chr. zeigt auf der Vorderseite eine drapierte und gepanzerte Büste diesmal des Kaisersohns Volusianus, der sich mit Strahlenkrone nach rechts wendet. Auch hier ist die Rückseite besonders interessant: Sie zeigt ebenfalls den nackten Apollo, der, nach links gewendet, auf einem Felsen oder Berg steht. [192] In der rechten Hand hält er einen Zweig, in der Linken eine sich windende Schlange. Im Felde steht der Schriftzug **ARN – AZI**. Dieser Münztyp ist eine Besonderheit, die sowohl bei Trebonianus Gallus als auch bei Volusianus belegt ist. Die Münze wurde als Doppelsesterz, Sesterz, Dupondius und auch als As geprägt. Die Verbindung des Apoll mit der unrömischen Legende ARNAZI lässt sich etymologisch mit der Wurzel des Wortes verstehen: Aus der lykurgischen Endung „*azi*" und dem Stadtnamen „Arna" zusammengesetzt, verweist dieser Beiname des Apoll auf seine Herkunft aus „Arna". Arna aber ist der archaische Name von Xanthus in Lykien, wo Apollo besonders verehrt wurde. Die auf dem Münzbild angedeutete Bergspitze weist auf einen Bergkult hin, wie er für den Orient häufiger belegt ist. Man denke etwa an den auch

---

[191] RIC 5.
[192] Pink, K., Apollo Arnazi; mit einem Exkurs von Elmer, G., in: Jahrbuch des Deutschen Archäologischen Instituts 52, 1937, S. 104-110, Berlin, Staatliche Museen, Münzkabinett.

auf Münzen abgebildeten heiligen Berg Argaios von Caesarea Cappadocia.

Die Schlange in der Hand des Gottes betont in synkretistischer Weise die Funktion des Apollo als Heilgott, ähnlich dem Apollo Salutaris, eine umso plausiblere Erklärung, als Apollo bisweilen als Vater des Heilgottes Aesculapius angesehen wird. Apollo Arnazi oder Apollo Xanthius wird daher – und hier liegt der Bezug – als Helfer gegen die im Römischen Reich wütende, aus Äthiopien eingeschleppte Pest angerufen worden sein. Wohl über den Wirkungskreis des in Rom bisher bekannten Apollo hinaus war er eine synkretistische und mystisch orientalische Gottheit."[193]

Die verschiedenen Elemente, d.h. Cyprians Hinweis auf den Opferzwang, die Unruhen in Karthago, die im Reich grassierende Pest sowie die offizielle Münze mit dem Hinweis auf den Beschützergott Apollo, lassen durchaus die Deutung zu, dass Trebonianus Gallus einen Erlass herausgegeben hat, nach dem wohl die Bevölkerung, nicht aber explizit die Christen, dem Gott Apollo ein Opfer darzubringen hatte.

Dennoch darf der Deutung, dass Gallus ein Edikt erlassen hat, kein blindes Vertrauen geschenkt werden[194], denn, dass es sich nicht um ein Edikt des Kaisers Gallus, sondern nur um den Versuch handelte, die Maßnahme des Kaiser Decius fortzusetzen und sich dabei nur lokal begrenzte Maßnahmen gegen Christen zeigten, wird bei Cyprian ersichtlich, der in einem Brief [195] zwar von einer Verfolgung der ganzen

---

[193] Kent, J. P.C., Overbeck B., Stylow, A. U., S. 138.
[194] Trebonianus Gallus wird von Laktanz nicht als Christenverfolger eingestuft, was gegen die Annahme eines Ediktes von Gallus spricht.
[195] Cypr. epist. 61,1.

Gemeinde spricht, jedoch in einem anderen Brief [196] zeigt, dass es sich nur um wenige Christen handelte, die persönlich in Schwierigkeiten geraten waren und deshalb vermutlich aus seinem Umfeld stammten. Auch erwähnt Dionysius in seinem Brief an Hermammon [197], dass es nur wenige Christen waren, die verbannt wurden.

IV./3. Die Christenpolitik des Trebonianus Gallus

Die strenge Richtlinie, die Cyprian zur Wiederaufnahme der lapsi festgelegt hatte, nach der die Vergebungsvollmacht des Bischofs vor das Charisma der Bekenner gesetzt wurde, konnten jedoch nicht ausdauernd eingehalten werden. Noch unter Trebonianus Gallus wurden Christen weiterhin abtrünnig und Abtrünnigen musste schnell vergeben werden, damit die christlichen Gemeinden wieder erstarken konnten. Ein Konzil afrikanischer Bischöfe im Mai oder Juni des Jahres 252 n. Chr. regelte aus diesem Grunde die unkomplizierte Wiederaufnahme bußwilliger Christen in die Kirche, von der auch Cornelius, Bischof von Rom, informiert wurde.[198]

Es bleibt jedoch die Annahme nahe liegend, dass es sich bei den „Verfolgungen" bzw. Verbannungen um den restlichen Durchsetzungsversuch des decischen Edikts handeln könnte.[199] Die organisierte Kirche

---

[196] Ebd. 60,2.
[197] Eus. HE VII 1.
[198] Cypr. epist. 57,1.
[199] Vogt: *„Wenn unter Trebonianus Gallus im Jahre 252 n. Chr. Maßnahmen gegen Kleriker ergriffen und Bischöfe in Rom und in Ägypten in die Verbannung geschickt wurden, so in Cypr. epist. 59, 6; 60,2; 61,3, so handelte es sich nicht um eine Erneuerung des decischen Ediktes, sondern um lokal verschiedene Aktionen.",* Vogt, J., „Christenverfolgung I ", S. 1187.

ging aus dem Konflikt mit dem römischen Staat durch den Zusammenhalt der Bischöfe gestärkt und geeint hervor.

Trebonianus Gallus hatte nur kurze Zeit regiert und war fast durchgehend mit seiner Herrschaftssicherung sowohl gegen Usurpation als auch gegen die äußeren Feinde in Grenzkämpfen an der Donau verwickelt. Nach Zosimus schloss Gallus mit den Goten vorläufigen Frieden, dennoch stellten sich die Auseinandersetzungen mit den Skythen, Persern, Boranern und Karpen nicht ein, so dass der Statthalter M. Aemilius Aemilianus Truppen wider sie führen musste. Aemilianus wurde nach einigen Erfolgen im Sommer 253 n. Chr. zum Kaiser ausgerufen. Gallus forderte noch Valerian auf, ihn mit den in Gallien und Germanien stationierten Truppen zu unterstützen und von Raetien her gegen den Usurpator zu ziehen. Als sich Gallus und sein Sohn mit Aemilianus bei Interamma messen wollten, wurden sie von den eigenen Soldaten umgebracht.[200]

Damit war Aemilianus an der Macht, überlebte seinen Gegner aber nur 3 Monate und starb im Sommer 253 n. Chr. in der Schlacht bei Spoleto. Sein Nachfolger wurde Valerian.

V. Kaiser Valerian: Der christliche Klerus – Verführer der Römer

„[Die Kaiser] haben euch die Möglichkeit zur Besserung gegeben, wenn ihr [...]die Götter, die ihre Herrschaft schützen, verehrt. [...] Ich kann mir vorstellen, dass ihr undankbar seid [...], da sie euch doch ermahnen, den besseren Weg zu gehen.“
(Dionysius in Eusebius'„Historia Ecclesia", VII 11,7.)

---

[200] Zos. I 24-28.

V./1. Valerian und das Imperium Romanum (253-260 n.Chr.)

Im Herbst 253 n. Chr. zog Valerian nach Rom und machte sich daran, die Ordnung und die Sicherheit an den Reichsgrenzen wiederherzustellen:

„Angesichts der allseits auf dem Römerreich lastenden Gefahr...", so schreibt Zosimus, „wählte Valerianus seinen Sohn Gallienus zum Mitregenten und begab sich infolge der schwierigen Gesamtlage persönlich in den Osten, um den Persern entgegenzutreten, während er seinem Sohne die Heeresverbände in Europa mit dem Auftrag überließ, gestützt auf die dortigen Streitkräfte, den überall angreifenden Barbaren zu wehren." [201]

Valerian unternahm also eine Aufgabenteilung: Er machte seinen Sohn Gallienus zum militärischen Befehlshaber im Westen. Selbst wandte er sich 254 n. Chr. der Ostgrenze zu, wo er das von Persern belagerte Antiochia einnahm und dort sein Hauptquartier einrichtete. Seinem Sohn gelang es von 255 n. Chr. an die großen Germanenstürme am Rhein und in Dacia zurückzuhalten.

Unterdessen brach an der Frage der *lapsi*, in der sich Cyprian auf dem Konzil von Karthago im Jahre 251 n. Chr. gegen schismatische Richtungen durchgesetzt hatte, ein neuer Streit aus: Wenn die Taufe von einer schismatischen Richtung gegeben worden war, hatte sie dann Gültigkeit? Musste sich der Betroffene als ehemaliger Anhänger Novatians, der sich der rechten Kirche nun wieder zuwendete, nicht eher von einem Bischof der anerkannten Kirche taufen lassen?

---

[201] Ebd. 30,1.

V./2 Valerian und das Christentum

V./2.1 Drohender Zerfall – erneuter Zusammenhalt: Der Streit um die Ketzertaufe

Die Bischöfe Roms, Palästinas und Ägyptens tauften Häretiker nicht noch einmal, sondern praktizierten die Festigung der Taufe durch Handauflegen, während die Bischöfe von Afrika, Syrien und Kleinasien die Neutaufe forderten und praktizierten. Cyprian hatte seine feste Ansicht darüber bereits 251 n. Chr. seinem Lehrer Tertullian und dessen Schrift *de baptismo* folgend, in dem Traktat *de catholicae ecclesiae unitate* beschrieben:

„Auf die gleichen [jene abtrünnigen Schismatiker] zeigt und weist abermals der Herr hin, wenn er sagt, mich haben sie verlassen, den Quell des lebendigen Wassers, und haben sich löchrige Behälter gegraben, die kein Wasser halten können. Obwohl es doch keine andere Taufe außer der einen geben kann, bilden sie sich ein, taufen zu können, obwohl sie den Quell des Lebens verlassen haben, verheißen sie die Gnade des leben- und heilspendenden Wassers. Nicht gereinigt werden dort die Menschen, sondern beschmutzt und nicht gesühnt werden dort die Sünden, sondern im Gegenteil noch gehäuft."[202]

Die Bischöfe, die an den karthagischen Konzilien in den Jahren 255 und 256 n. Chr. teilnahmen, bekräftigten Cyprians Ansichten und einigten sich auf die Neutaufe mit der Ausnahme, dass die Taufe, die vor dem Abfall an eine schismatische Kirche erfolgt war, nur durch die Handauf-

---

[202] Cypr. de eccl. 11.

legung des Bischofs bestätigt werden könne. Da Stephanus, Bischof von Rom, anderer Meinung war, drohte die Kirche abermals zu zerfallen. Es war in dieser Situation das Verdienst des Dionysius von Alexandrien, der auf Stephanus einwirkte, die Einheit der Kirche zu bewahren, während Bischof Firmilian von Caesarea in Kappadokien sich als Vertreter der Kirche Asiens vehement gegen Stephanus' Ansicht richtete und den Streit schürte. Von gesamtkirchlicher Bedeutung war diese Auseinandersetzung als Folge des decischen Ediktes auch dadurch, dass Stephanus mit dem Hinweis auf das Matthäusevangelium [203] den Primatsanspruch der römischen Gemeinde erhob, den Cyprian ablehnte. Bevor der Streit ausartete, starb Stephanus und sein Nachfolger Sixtus sah die Notwendigkeit der Kircheneinheit und schloss sich der Meinung Cyprians und des Dionysius sowie Firmilians an. Die römische, afrikanische und syrische Kirche, welche die Ketzertaufe vorübergehend überwunden hatte, ging nun vereint aus den Folgeproblemen des decischen Opferediktes hervor. Dieser Zusammenhalt wurde bestärkt durch die neuen Probleme im Jahre 257 n. Chr. Laktanz berichtet aus diesem Jahr von einer kaiserlichen Politik, die sich explizit gegen Christen richtet und von Valerian ausgegangen sein soll:

---

[203] Mt 16,18: „*Et ego dico tibi quia tu es Petrus et super hanc petram aedificabo ecclesiam meam et portae inferi non praevalebunt adversus eam. Et tibi dabo claves regni caelorum. Et quodcumque ligaveris super terram erit ligatum et in caelis et quodcumque solveris super terram, erit solutum et in caelis.*", „*Und ich sage dir, du bist Petrus und auf diesen Felsen will ich meine Kirche bauen und die Pforten der Hölle werden sie nicht überwältigen. Und dir will ich die Schlüssel des Himmelreichs geben. Was immer du binden wirst auf Erden, das soll auch im Himmel gebunden sein, und was immer du lösen wirst auf Erden, das soll auch im Himmel gelöset sein.*"

„Nicht lange danach...", so Laktanz, er spricht von dem Tode des Kaisers Decius, „... wurde auch Valerian von einer ähnlichen Raserei ergriffen und streckte seine ruchlosen Hände gegen Gott aus und ließ in sehr kurzer Zeit viel gerechtes Blut fließen. Aber Gott bedachte ihn mit einer neuen und absonderlichen Art der Bestrafung, die späteren Generationen ein Beispiel sein sollte, dass Feinde Gottes immer den gebührenden Lohn für ihre Verbrechen erhalten.

Valerian wurde von den Persern gefangen genommen und verlor nicht nur die Herrschaft, die er einst missbraucht hatte, sondern auch die Freiheit, die er anderen Menschen weggenommen hatte, und fristete ein äußerst schmachvolles Leben in der Sklaverei[204]*... So lebte er, mit vollstem Recht dem Hohn des Siegers preisgegeben, eine Weile, damit der römische Name eine lange Zeit für die Barbaren ein Anlass für Spott und Gelächter wäre. Da also Gott solche Strafen wegen der Verbrechen gegen uns verhängt hat, ist es da nicht erstaunlich, dass es später überhaupt noch jemand gewagt hat, etwas gegen die Erhabenheit des einzigen Gottes, der das All lenkt und erhält, zu planen, geschweige denn auszuführen?"* [205]

Soweit die Worte des Laktanz. Auch Kaiser Valerian wird, wie zuvor Decius in das Schema der Schrift *de mortibus persecutorum* des Laktanz eingeordnet: Sein unehrenhafter Tod ist wieder die von Gott verhängte Strafe für seine Raserei, das Ausstrecken seiner ruchlosen Hände gegen Gott und für das Blut der Christen, das seinetwegen floss. Dabei hatte die Bewertung des Kaisers zu Beginn seiner Regierungszeit noch an-

---

[204] Valerian wurde bei Edessa im röm. Mesopotamien wahrscheinlich im Jahre 259 n. Chr., bei Zosimus angeblich durch den Verrat Schapurs I., bei Verhandlungen gefangengenommen. Zos. I 36,2.
[205] Lact. de mort. 5.

ders ausgesehen. In Eusebs Kirchengeschichte äußert sich Dionysius von Alexandrien wie folgt:

„In der Geschichte des Valerian muss man sich über das eine wie das andere wundern, insbesondere aber die Art und Weise seines früheren Verhaltens ins Auge fassen, wie gütig und freundlich er gegen die Männer Gottes war. Denn keiner der früheren Kaiser war so loyal, auch jene nicht, die offen Christen gewesen sein sollen. Valerianus begegnete ihnen, wie man wusste, am Anfange seiner Regierung sehr vertrauensvoll und freundlich; sein Haus war voll von Gläubigen, es war eine Gemeinde Gottes...“ [206]

Wenn sowohl Dionysius als auch Laktanz Glauben geschenkt werden soll, so stellt sich die Frage, was geschehen ist, dass sich der christenfreundliche Kaiser zu einem Christenverfolger entwickelt hat? Dionysius liefert die Antwort noch an gleicher Stelle:

„...Der Lehrer und oberste Führer der ägyptischen Magier aber überredete ihn, sich davon loszusagen, und hieß ihn die reinen und heiligen Männer töten und verfolgen...Valerianus ließ sich von diesem Menschen zu solchen Taten verführen.“

Dieser Mensch war Macrianus, der *praefectus fisci*. Ihm also gibt er die Schuld am Gesinnungswandel des Kaisers. Bemerkenswert und daher festzuhalten ist hier, dass ein Bischof einen Kaiser, der, wie Dionysius es selbst bezeugt, Christen verfolgt hat, in Schutz nimmt. Warum ist

---

[206] Dion. bei Eus. HE VII 10,3-5.

Macrianus schuld an der Christenverfolgung, Valerian aber von Schuld frei? Warum nimmt ein Verfolgter seinen Verfolger in Schutz? Oder hat Euseb statt Dionysius' gesprochen? Warum erwähnt Laktanz den Macrianus nicht?

Die Fragen seien zurückgestellt, denn, um ihnen nachzugehen, ist es notwendig zu fragen, welche Maßnahmen Valerian überhaupt ergriffen hat.

V./2.2 Kleriker vor die Opfertische: Valerians 1. Edikt (257 n. Chr.)

Euseb bezeugt in seiner Kirchengeschichte rund einhundert Jahre später die erste der beiden Maßnahmen. Er überliefert einen Brief des Bischofs Dionysius von Alexandrien an Germanus, einen nicht weiter bekannten ägyptischen Bischof, der dem Dionysius die Flucht vor dem Opferzwang des Decius vorgeworfen hatte. Dionysius rechtfertigt sich mit einer Fügung Gottes, kommt dann aber auf die Maßnahmen des Kaisers Valerian zu sprechen. Er berichtet vom Statthalter L. Mussius Aemilianus, der 257 bis 258 n. Chr. stellvertretender und danach, von Oktober 259 n. Chr. an, regulärer *praefectus Aegypti* war. Vor ihm musste Dionysius im Jahre 257 n. Chr. mit einigen anderen Christen erscheinen:

„Ich kam vor Aemilianus nicht allein, sondern es folgten mir Maximus, ebenfalls Presbyter wie ich, und die Diakone Faustus, Eusebius und Chairemon; auch einer von den Brüdern aus Rom, die bei uns anwesend waren, ging mit uns hin. Aemilianus sagte nicht in erster Linie zu mir: „Halte keine Versammlungen ab!" Dies zu sagen, war für ihn unnötig und das Letzte, da er sich dem Kern der Sache zuwandte. Denn er redete nicht

darüber, dass wir andere Leute nicht versammeln sollten, sondern dar-
über, dass wir selbst nicht einmal Christen sein dürften, und davon befahl
er mir abzulassen, wobei er glaubte, wenn ich meine Gesinnung ändern
würde, würden die anderen mir folgen. Ich antwortete nicht ungebühr-
lich, etwa im Sinne des Satzes: „Man muss Gott mehr gehorchen als den
Menschen." Ja, ich bezeugte ausdrücklich, dass ich den Gott, welcher der
einzige ist, und keinen anderen verehre und dass ich niemals meine Ge-
sinnung ändern oder aufhören würde, Christ zu sein. Daraufhin befahl er,
dass wir uns in ein Dorf in der Nähe der Wüste, das Kephro heißt, begeben
sollten. Aber hört, was von beiden Seiten gesagt worden ist, so wie man es
amtlich dokumentiert hat:

Nachdem Dionysius, Faustus, Maximus, Marcellus und Chairemon herein-
geführt worden waren, sagte der Statthalter Aemilianus: „Und mündlich
habe ich euch zugesprochen über die Menschenliebe unserer Herrscher,
die sie euch zugute kommen lassen. Sie haben euch die Möglichkeit zur
Besserung gegeben, wenn ihr euch dem, was der Natur entspricht, zu-
wendet und die Götter, die ihre Herrschaft schützen, verehrt, aber dem
entsagt, was gegen die Natur ist. Was also sagt ihr dazu? Ich kann mir
vorstellen, dass ihr undankbar seid für die Menschenliebe der Herrscher,
da sie euch doch ermahnen, den besseren Weg zu gehen."

Dionysius antwortete: „Nicht alle Menschen verehren alle Götter, sondern
es verehrt jeder nur gewisse Götter, an die er glaubt. Wir also verehren
und beten zu dem einen Gott und Schöpfer des Alls, der auch die Herr-
schaft den von Gott hoch geliebten Kaisern Valerian und Gallienus verlie-
hen hat, zu diesen beten wir ununterbrochen, damit ihre Herrschaft uner-
schüttert bleibe."

Aemilianus, der das Amt des Statthalters innehatte, sagte zu ihnen. „Wer hindert euch denn, auch diesen, wenn er ein Gott ist, zusammen mit den Göttern, die es von Natur sind, anzubeten? Denn Götter zu verehren, wurde euch befohlen, und zwar Götter, die alle kennen."

Dionysius antwortete: „Wir beten keinen anderen Gott an."

Aemilianus, der das Amt des Statthalters innehatte, sagte: „Ich sehe, dass ihr gleichermaßen undankbar und unempfänglich für die Milde unserer Kaiser seid; deswegen werdet ihr euch nicht länger in dieser Stadt aufhalten, sondern ihr werdet in das Gebiet Libyens, und zwar in den Ort, der Kephro heißt, verbannt werden. Diesen Ort habe ich nämlich ausgewählt aufgrund des Befehls des Kaisers. Auf gar keine Weise wird es euch oder irgendwelchen anderen Leuten gestattet sein, Versammlungen abzuhalten oder die sogenannten Coemeterien zu betreten. Wenn sich herausstellen sollte, dass sich jemand nicht an diesen Ort begeben hat, wie ich es befohlen habe, oder dass man jemanden in einer Versammlung findet, wird er sich selbst in Gefahr bringen; denn es wird nicht an der nötigen Strenge fehlen. Geht also, wohin man euch befohlen hat."

Und obwohl ich krank war, trieb er mich fort, ohne mir auch nur einen Tag Aufschub zu gewähren. Wie hätte ich da noch Zeit übrig haben sollen zu überlegen, ob eine Versammlung abzuhalten sei oder nicht?"[207]

Dionysius wird also vor den Statthalter geladen, der in Bezug auf den Ort der Verbannung betont: *„Diesen Ort habe ich nämlich ausgewählt aufgrund des Befehls des Kaisers."* Er handelt folglich auf Geheiß des Kaisers. Dionysius schreibt, *„es folgten mir Maximus, ebenfalls Presbyter wie ich, und die Diakone Faustus, Eusebius und Chairemon; auch einer*

---

[207] Ebd. 11,2-11.

von den Brüdern aus Rom, die bei uns anwesend waren, ging mit uns hin."
Die genannten Personen sind alle Kleriker und keine christlichen Laien: Maximus war der Nachfolger des Dionysius auf dem Bischofsstuhl von Alexandria [208], Faustus wird den Tod unter den Maßnahmen des Diokletians finden[209], Eusebius wird der zukünftige Bischof von Laodikeia in Syrien werden. [210] Chairemon hatte ebenfalls ein Amt inne, er war ein Verbindungsmann zur Gemeinde in Rom. Es werden also nur Kleriker vor den Statthalter geladen. Der Statthalter mahnt, ihnen werde befohlen, die Götter zu verehren und *„zwar Götter, die alle kennen."* Das zeigt, dass die Kleriker den traditionellen römischen Göttern opfern sollen. Während Dionysius fortwährend die größte Betonung auf die Treue und den Glauben an den einen einzigen Christengott legt, ist dem Statthalter das Bekenntnis zum Christengott völlig gleichgültig. Für den Statthalter hatte lediglich der kaiserliche Befehl, den traditionellen römischen Göttern zu opfern, eine Bedeutung. Dionysius' Einwand aber war für den Statthalter kein Argument gegen den kaiserlichen Befehl, sondern lediglich der Ausdruck bornierter Befehlsverweigerung und das wiederum musste notwendigerweise eine Maßnahme nach sich ziehen:

„Daraufhin befahl [der Statthalter], dass wir uns in ein Dorf in der Nähe der Wüste, das Kephro heißt, begeben sollten." Und später wieder der Statthalter: *„...deswegen werdet ihr euch nicht länger in dieser Stadt aufhalten, sondern ihr werdet in das Gebiet Libyens, und zwar in den Ort, der*

---

[208] Ebd. 28,3.
[209] Ebd. 12,26.
[210] Ebd. 32,5.

Kephro heißt, verbannt werden." Hier zeigt sich: Erst nach der Verweigerung des Opfers folgt die Verbannung.

Dionysius erwähnt nebenbei die Forderung des Statthalters*: „Halte keine Versammlungen ab!"* Oder später der Statthalter selbst: *„Auf gar keine Weise wird es euch oder irgendwelchen anderen Leuten gestattet sein, Versammlungen abzuhalten..."* Deutlich wird hier ein Versammlungsverbot ausgesprochen. Ebenso wird verboten, *„die sogenannten Coemeterien zu betreten"*, d. h., die christlichen Friedhöfe zu besuchen.[211] Darüber hinaus droht der Statthalter: *„Wenn sich herausstellen sollte, dass sich jemand nicht an diesen Ort begeben hat, wie ich es befohlen habe, oder dass man jemanden in einer Versammlung findet, wird er sich selbst in Gefahr bringen; denn es wird nicht an der nötigen Strenge fehlen."* Wird also die Verbannung gebrochen, werden Versammlungen dennoch abgehalten oder werden Friedhöfe besucht, droht eine Kapitalstrafe. Darüber hinaus lässt sich eine weitere wichtige Feststellung treffen. Statthalter Aemilianus sagt: *„Und mündlich habe ich euch zugesprochen über die Menschenliebe unserer Herrscher, die sie euch zugute kommen lassen. Sie haben euch die Möglichkeit zur Besserung gegeben, wenn ihr euch dem, was der Natur entspricht, zuwendet und die Götter, die ihre Herrschaft schützen, verehrt, aber dem entsagt, was gegen die Natur ist."*

Dem darf entnommen werden, dass dem offiziellen Verhör eine private mündliche Aussprache vorausgegangen war. Der Statthalter wollte versuchen, die Angeklagten zu überreden. Er hatte wohl kaum die Ab-

---

[211] „Coemeterien" ist ein aus dem Griechischen stammender speziell christlicher Begriff. Er meint wörtlich „Schlafplätze" und steht für die Grabanlagen, in denen die Toten vorübergehend schliefen, um in ein neues Leben zu finden.

sicht, generell gegen Christen vorzugehen. Schließlich wird im Gespräch die unterschiedliche Auffassung von Religion deutlich: *„Wir also...“*, sagt Dionysius, *„...verehren und beten zu dem einen Gott und Schöpfer des Alls, der auch die Herrschaft den von Gott hoch geliebten Kaisern Valerian und Gallienus verliehen hat...“*

Folgendes lässt sich der Quelle entnehmen:

1. Der Statthalter handelt auf Geheiß des Kaisers.
2. Nur Kleriker werden vor den Statthalter geladen.
3. Nur Kleriker sollen den traditionellen römischen Göttern ein Opfer darbringen.
4. Der Opferverweigerung folgt die Verbannung.
5. Es wird ein Versammlungsverbot ausgesprochen.
6. Es wird verboten, Friedhöfe zu besuchen.
7. Wird nicht geopfert, werden Versammlungen dennoch abgehalten und christliche Friedhöfe besucht, drohen Kapitalstrafen.
8. Dem offiziellen Verhör war eine private mündliche Aussprache vorausgegangen. Der Statthalter wollte versuchen, die Angeklagten zu überreden, doch zu opfern. Er hatte folglich nicht die Absicht, generell gegen Christen vorzugehen.

Die christlichen Quellen sprechen sich nicht nur über die Umsetzung des Ediktes in Ägypten aus. Auch der Zeitzeuge Cyprian war in Afrika von dem Edikt des Kaisers Valerian betroffen: Er war nach einem Verhör vor dem Prokonsul Paternus am 30. August 257 n. Chr. nach Kurubis, südlich von Karthago, verbannt worden. In einem Schreiben, das aus dem Herbst des Jahres stammt, richtet sich Cyprian an einige Bischöfe, die schon am Septemberkonzil des Jahres 256 n. Chr. teilgenommen hatten. Er unterrichtet sie von seiner Verbannung und macht den ebenso betroffenen Bischöfen Mut, dass, wenn sie auch nicht tägliche Feiern abhalten könnten, sie sich dennoch freuen könnten, dass sie dank der göttlichen Gnade selbst zu Opfern geworden seien.[212]

V./2.2.1 Einordnung des 1. Ediktes: Enthaltung oder Verbannung

Aus der Kenntnisnahme der Quelle lässt sich folgende Annahme gewinnen:

Im Jahre 257 n. Chr. erließ Kaiser Valerian ein Edikt, das alle Kleriker aufforderte, den traditionellen römischen Göttern zu opfern. Bei Verweigerung des Opfers drohte Verbannung. Das Edikt verbot den Christen, Friedhöfe zu betreten oder sich zu versammeln. Bei Missachtung der Anordnung drohten Kapitalstrafen.

Darüber hinaus lässt sich Folgendes überlegen:

Kaiser Valerian nimmt die religionspolitische Praxis des Kaisers Decius mit einem Edikt wieder auf. Es findet sich kein Hinweis darauf, der rechtfertigt, dem Kaiser Valerian ein anderes Motiv zu unterstellen, als dass er die Götter aufgrund der Erfordernisse gnädig stimmen wollte. Er hat die religiöse Idee des Decius an diesem Punkt fortgesetzt, indem er sich mit seinen Maßnahmen der Androhung von Verbannung und Kapitalstrafe, im Unterschied zu seinem Vorgänger, nur an die Kleriker, d. h. an die führenden Köpfe der Gemeinde richtet. Damit trennt Valerian die Führer vom Gefolge. Er unternimmt einen Schritt gegen die organisierte Kirche, die sich dem Plane des Decius entgegensetzte.

---

[212] Cypr. epist. 76,1-2.

Was für Kaiser Decius galt, gilt auch für Valerian: Aus der Sicht der römischen traditionellen Anschauung gab es keinen Konflikt zwischen persönlichem religiösem Glauben und dem geforderten Staatskult. Daher ist nicht anzunehmen, dass Valerian gegen den christlichen Glauben vorgehen wollte. Er ging gegen die Kleriker vor wegen ihrer Funktion, andere Christen in der Verweigerung des Opfers zu bestärken, ferner, weil sie die Opferverweigerer in einer Gemeinschaft organisieren und letztere festigen wollten, nicht jedoch ging der Kaiser gegen den Kleriker als gläubigen Christen vor.[213]

Aber konnte Kaiser Valerian die an den Christen gescheiterte Idee seines Vorgängers, die traditionellen römischen Götter durch reichsweites Opfern, gnädig zu stimmen, auch umsetzen?
Es muss große Schwierigkeiten bei der Umsetzung des 1.Ediktes gegeben haben. Beispiele belegen die mangelnde Umsetzung.

In Afrika hatten Kleriker das Verbot, Versammlungen abzuhalten, missachtet. Die daraufhin Verbannten erhielten durch Cyprian Trost.[214]
Der Präfekt von Ägypten musste Dionysius von seinen Gefährten, die sich im Zuge der Maßnahmen um ihn geschart hatten und vor denen er predigte, trennen und sie in verschiedene Dörfer verbannen.[215]
Valerian jedenfalls sah sich veranlasst, noch ein 2. Edikt zu erlassen.

---

[213] Neben dem Hauptziel, die führenden christlichen Kreise zu beseitigen, nennt Moreau als Ziel Valerians, dem Staatsschatz neue Mittel zuzuführen, Moreau, J., S. 90.
[214] Cypr. epist. 76.
[215] Eus. HE VII 11, 13; 20-23.

V./2.3 Kleriker vors Schwert: Das 2. Edikt (258 n.Chr.)

„Et proconsul dixit: Iusserunt te sacratissimi imperatores caeremoniari.

Sanctus Cyprianus respondit : Non facio.

Galerius Maximus proconsul dixit : Consule tibi.

Cyprianus episcopus respondit : Fac quod tibi praeceptum est.“

„Der Prokonsul sagte:, Die verehrungswürdigen Kaiser haben dir befohlen

zu opfern.

Der heilige Cyprian antwortete: ,Das tue ich nicht.'

Der Prokonsul Galerius Maximus sagte: ,Überlege es dir.'

Der Bischof Cyprian antwortete: ,Tue, was man dir befohlen hat.“

(aus der prokonsularischen Akte des Heiligen Cyprian 1-5., 251 n. Chr.)

Cyprian von Karthago schrieb zwischen Anfang August bis Mitte September 258 n. Chr. einen Brief an Successus, den Bischof einer Gemeinde in der Nähe von Karthago. Er berichtet darin Folgendes:

„Ihr sollt wissen, dass die Boten angekommen sind, die ich deswegen nach Rom geschickt hatte, damit sie die Wahrheit über das betreffende Reskript erkunden und uns berichten. Denn es sind verschiedene Ansichten darüber im Umlauf. In Wahrheit verhält es sich aber damit folgendermaßen: Valerian hat durch ein Reskript an den Senat angeordnet [216],

---

[216] „Es handelt sich nicht um ein Reskript, damit nicht um eine rechtsverbindliche Antwort des Kaisers auf die Frage eines untergeordneten Rechtsträgers. *„Da sich Kaiser Valerian im Jahre 258 n. Chr. im Osten aufhielt, musste er von der auch sonst häufig genutzten Erlaubnis Gebrauch machen, dem Senat seine Anordnung ... in schriftlicher Form zu*

dass die Bischöfe, Presbyter und Diakone ohne weiteres hingerichtet wer-
den sollen, dass Senatoren aber und die hochrangigen Männer und die
römischen Ritter nach dem Verlust ihrer Würde auch ihre Güter verlieren
und, wenn sie nach dem Verlust ihres Vermögens noch weiter darauf
beharren, Christen zu sein, auch mit dem Tode bestraft werden sollen.
Vornehme Frauen sollen nach dem Verlust ihrer Güter in die Verbannung
geschickt werden, die kaiserlichen Hofbeamten, die sich schon früher zum
Christentum bekannt hatten oder sich jetzt erst dazu bekennen, sollen mit
der Einziehung ihres Vermögens bestraft, den kaiserlichen Besitzungen
zugeteilt und in Fesseln dorthin zur Zwangsarbeit verschickt werden. Der
Kaiser Valerian hat seiner Rede eine Kopie des Briefes beigefügt, den er
wegen uns [sic!] an die Statthalter der Provinzen geschrieben hat. Wir
hoffen jeden Tag, dass dieser Brief endlich ankommt, und stehen bereit, in
der Stärke unseres Glaubens das Leiden zu ertragen, und wir erhoffen uns
aufgrund der Hilfe und Gnade des Herrn den Kranz des ewigen Lebens.
Ihr sollt aber wissen, dass Sixtus und mit ihm vier Diakone am 6. August
auf einem Friedhof hingerichtet worden sind. Aber auch diese Verfolgung
wird Tag für Tag von Präfekten in Rom eifrig fortgesetzt, um alle, die
ihnen angezeigt worden sind, hinzurichten und ihr Vermögen zugunsten
der kaiserlichen Kasse einzuziehen."[217]

Folgendes lässt sich aus der Quelle gewinnen:

---

unterbreiten. Es handelt sich um ein Edikt und der Senat wurde nur als
erstes informiert, weil die betroffenen Personen senatorischen Ranges
waren.", Schwarte, Die Christengesetze Valerians, in: Eck, W. (Hg.), Religion und Gesellschaft in der römischen Kaiserzeit, Köln 1989, S. 131f.
[217] Cypr. epist. 80.

1. Bischöfe, Presbyter und Diakone, die ein Opfer verweigern, sollen ohne weiteres hingerichtet werden.

2. Senatoren, hochrangige kaiserliche Verwaltungsbeamte und römische Ritter christlichen Glaubens werden enteignet.[218]

3. Vornehme christliche Frauen werden enteignet und verbannt.

4. Kaiserliche Hofbeamte, früher vom Opfer befreit, müssen opfern. Entpuppten sie sich als Christen, werden sie zur Zwangsarbeit verschickt.

5. Das eingezogene Vermögen geht an den Fiskus.

Cyprians Angaben ist Folgendes zu entnehmen:

Das 2. Edikt ist eine Ausweitung und Verschärfung des 1.Edikts Valerians, da Bischöfe, Presbyter und Diakone, die sich weigern, den traditionellen römischen Göttern zu opfern, sofort hingerichtet werden sollen. Auch das 2. Edikt fordert nicht den Abfall vom Christentum, nach wie vor soll nur den traditionellen Göttern geopfert werden.

Valerian geht auch hier gegen die Köpfe der organisierten Kirche vor, weil der Widerstand schon bei Decius von hohen Klerikern gefördert wurde. Er ging also gegen die kirchliche Organisation vor. Ein Beispiel für die Umsetzung des 2. Edikts Valerians, d. h. für das Vorgehen gegen hohe Kleriker, ist Cyprian selbst: Der Bischof wurde am 14. September 258 n. Chr. in der Nähe von Karthago hingerichtet.

---

[218] Nach Alföldi versuchte Valerian das Kirchengut zu konfiszieren, um die fehlenden Einnahmen aus Gallien und dem Osten zu kompensieren, Alföldi, A., Über die Verfolgung unter Valerian, Klio 31, 1938, S. 338f.

Es handelt sich bei der Quelle um die prokonsularische Akte des heiligen Cyprian, eine Niederschrift, die von einem Christen verfasst, die Ereignisse des Bischofsverhörs schildert.

Am 30. August des Jahres 258 n. Chr. verhört Prokonsul Aspasius Paternus, Vertreter der kaiserlichen Gewalt in der prokonsularischen Provinz Afrika unter Valerian und Gallienus, den Bischof Cyprian:

„Die hochheiligen Kaiser Valerian und Gallienus...", beginnt er, *„...haben geruht, einen Brief an mich zu senden, in welchem sie befohlen haben, dass jene, welche keine Anhänger der römischen Religion sind, trotzdem die römischen Kultgebräuche anerkennen müssen. Ich habe dich also nach deinem Namen gefragt, was wirst du mir antworten?"*[219]

Cyprian gibt nicht nur seinen Namen preis, sondern gleich sein Bekenntnis: Er sei Christ und Bischof, anerkenne nur den einen einzigen und wahrhaftigen Gott, der Himmel und Erde gemacht habe und das Meer und alles was darinnen sei.[220]

„Diesem Gott...", so fährt Cyprian fort, *„... dienen wir Christen, zu ihm beten wir Tag und Nacht, für uns, für alle Menschen und um das Wohl der Kaiser!"*[221]

---

[219] *Acta proconsularia Cypriani*, die Prokonsularische Akte des Heiligen Cyprian 1-5.
[220] Das wörtliche Zitat aus der *Acta proconsularia Cypriani 4,25* spricht für die stilistische Aufarbeitung des angeblich miterlebten Verhörs durch den Autor.
[221] *„Huic deo nos christiani deservimus, hunc deprecamur diebus ac noctibus pro vobis et pro omnibus hominibus et pro incolumitate imperatorum."*

Paternus fragt noch einmal, ob Cyprian auf seiner Gesinnung bestehe: *„Du bleibst also bei deiner Gesinnung?"*[222] Da Cyprian darauf besteht, seine Gesinnung nicht zu ändern, wird er in die Stadt Curubis verbannt.

„Der Prokonsul fragte: ‚Wirst du dich also entsprechend dem Befehl des Valerian und Gallienus als Verbannter in die Stadt Curubis begeben?'
Der Bischof Cyprian antwortet: ‚Ja ich werde hingehen.'
Der Prokonsul sagte: ‚Nicht nur wegen der Bischöfe, sondern auch wegen der Presbyter haben sie [die Kaiser] geruht mir zu schreiben. Ich will also wissen, wer die Presbyter sind, die in dieser Stadt leben.'
Der Bischof Cyprianus sagte: ‚In euren Gesetzen habt ihr rechtens und nützlicherweise entschieden, dass Denunzianten verboten sind. Deshalb kann ich sie nicht preisgeben und anzeigen; in ihren Gemeinden wird man sie finden. Und da unsere Lehre es uns verbietet, dass jemand sich aus freien Stücken stellt, und da dies auch deiner Ansicht missfällt, können sie sich nicht ausliefern, sondern wenn du nach ihnen suchst, wirst du sie finden'.
Der Prokonsul Paternus sagte: ‚Ich führe heute bei dieser Zusammenkunft die Untersuchung.'
Der Bischof Cyprianus sagte:, Wenn du nach ihnen suchst, wirst du sie finden.'
Der Prokonsul Paternus sagte:, Ich werde sie finden. Und er fügte noch hinzu: Die Kaiser haben auch befohlen, dass nirgendwo Versammlungen abgehalten und die Coemeterien nicht betreten werden dürfen. Wenn daher jemand dieses heilbringende Vorschrift nicht beachtet, wird er mit dem Tode bestraft werden.'

---

[222] *„Paternus proconsul dixit: In hac ergo voluntate perseveras?"*

Der Bischof Cyprianus sagte: ‚Du hast es befohlen.'

Als der von Gott zum Märtyrer erwählte heilige Cyprianus aus der Stadt
Curubis zurückgekehrt war, in welcher er sich aufgrund des Befehls des
damaligen Prokonsuls Aspasius Paternus aufhalten musste, blieb er in
seinen Gärten und hoffte dort Tag für Tag, dass man zu ihm käme, wie es
ihm verkündet worden war."

Am 12. September des Jahres 258 n. Chr. wird Cyprian erneut vor den
Prokonsul Galerius Maximus geführt:

„Der Prokonsul sagte: ‚Die verehrungswürdigen Kaiser haben dir befohlen
zu opfern. Der heilige Cyprian antwortete: ‚Das tue ich nicht.'
Der Prokonsul Galerius Maximus sagte: ‚Überlege es dir.'
Der Bischof Cyprianus antwortete: ‚Tu, was man dir befohlen hat. In einer
so gearteten Sache braucht man nicht zu überlegen.' Der Prokonsul Gale-
rius Maximus sprach mit seinen Beratern und brachte mühevoll und mit
innerer Überwindung [223] *folgendes [sic] hervor: ‚Lange Zeit hast du mit*
deiner die Religion entweihenden Gesinnung gelebt, viele gottlose Men-
schen hast du um dich als Feind der römischen Götter und der religiösen
Pflichten erwiesen. Und die frommen und verehrungswürdigen Kaiser
Valerian und Gallienus und der hochedle Caesar Valerian haben es nicht

---

[223] In dieser prokonsularischen Akte könnte Laktanz mit dem direkten
Tod des Galerius Maximus im Anschluss an die Verurteilung Cyprians
möglicherweise einen seiner vielen Belege für seine Ansicht gefunden
haben, dass die Strafe Gottes den Verfolger sofort ereilt. Der Hinweis
aber auf den Urteilsspruch, der *„mühevoll und mit innerer Überwin-*
dung" gesprochen worden ist, kann auch anders gedeutet werden: Galerius Maximus war möglicherweise krank und starb deshalb kurz nach
der Verurteilung des Bischofs.

vermocht, dich zum Vollzug ihrer Kultgebräuche zu veranlassen. Weil man dich als Urheber und als Leitfigur des nichtswürdigen Verbrechens ergriffen hat, wirst du selbst ein Beispiel für jene sein, die du zu Komplizen deines Verbrechens gemacht hast. Durch dein Blut wird die Ordnung wiederhergestellt werden."

Es folgt der Beschluss, Thascius Cyprianus durch das Schwert hinzurichten. Wenige Tage später starb der Prokonsul Galerius Maximus.

Auch hier lässt sich Folgendes festhalten: Die Quelle bestätigt noch einmal sowohl Forderungen des 1. Edikts als auch des 2. Edikts Valerians in ihrer Verschärfung. Zum ersten Edikt:

1. Mit der Aussage *„Die hochheiligen Kaiser Valerian und Gallienus haben geruht, einen Brief an mich zu senden, in welchem sie befohlen haben, dass jene, welche keine Anhänger der römischen Religion sind, trotzdem die römischen Kultgebräuche anerkennen müssen"*[224], spricht der Prokonsul Aspasius Paternus das 1. Edikt Valerians an, dem einige Kleriker nicht nachgekommen sind, indem sie den traditionellen römischen Göttern kein Opfer dargebracht haben.

2. In der Frage des Prokonsuls: *„Wirst du dich also entsprechend dem Befehl des Valerian und Gallienus als Verbannter in die Stadt Curubis begeben?"*[225] findet sich ein Teil des 1. Edikts wieder: Sich weigernde Kleriker werden verbannt.

---

[224] *„Sacratissimi imperatores Valerianus et Gallienus litteras ad me dare dignati sunt quibus praeceperunt eos, qui Romanam religionem non colunt, debere Romanas caeremonias recognoscere."*
[225] *„Paternus proconsul dixit: Poteris ergo secundum praeceptum Valeriani et Gallieni exul ad urbem Curubitanam proficisci?"*

3. Auch dass nach den Klerikern gefahndet wird, zeigt sich abermals in der Quelle: *„Der Prokonsul sagte: Nicht nur wegen der Bischöfe, sondern auch wegen der Presbyter haben sie[die Kaiser] geruht mir zu schreiben. Ich will also wissen, wer die Presbyter sind, die in dieser Stadt leben."*[226]

4. Das Verbot, die Friedhöfe zu besuchen, bestätigt sich abermals*: „Die Kaiser haben auch befohlen, dass nirgendwo Versammlungen abgehalten und die Coemeterien nicht betreten werden dürfen."*[227]

5. Auf Missachtung des Verbots, die Friedhöfe zu besuchen, steht die Todesstrafe: *„Wenn daher jemand diese heilbringende Vorschrift nicht beachtet, wird er mit dem Tode bestraft werden."* [228]

Von höchster Wichtigkeit ist die Tatsache, dass der Prokonsul den Bischof noch einmal fragt, ob er opfern werde. Galerius Maximus gibt dem Bischof klar und deutlich Bedenkzeit: *„Überleg es dir!"*[229]
Cyprian aber weigert sich und wird zum Tode verurteilt. Hier findet sich die Bestätigung der Forderung des 2. Ediktes: Kleriker, die sich weigern, den traditionellen römischen Göttern zu opfern, werden hingerichtet.

---

[226] *„Paternus proconsul dixit: Non solum de episcopis, verum etiam de presbyteris mihi scribere dignati sunt. Volo ergo scire ex te qui sint presbyteri qui in hac civitate consistunt?"*
[227] *„Praeceperunt etiam ne aliquibus locis conciliabula faciant nec coemeteria ingrediantur."*
[228] *„Si quis itaque hoc tam salubre praeceptum non observaverit, capite plectetur."*
[229] *„Consule tibi."*

V./2.3.1 Einordnung des 2. Ediktes: Opfer oder Tod

Das 2. Edikt stellt nicht in der Zielsetzung, aber deutlich in den Strafbestimmungen und im Hinblick auf die Betroffenen eine Ausweitung und Verschärfung des 1. Edikts dar. Eine Verschärfung deshalb, weil die vollständige Umsetzung des 1. Edikts am Widerstand hoher Kleriker gescheitert war. Valerian musste den Einfluss der höheren Schichten der Gesellschaft auf die Kirche unterbinden. Zur Praxis des 2. Edikts gehörte, dass der Statthalter Prokonsul Galerius Maximus dem Beschuldigten noch einmal eine kurze Bedenkzeit gab, ob er nicht doch noch den traditionellen römischen Göttern opfern bzw. *„die römischen Kultgebräuche"*, d. h. auch den Kaiserkult praktizieren wolle. Das war jedoch aus christlicher Sicht nicht möglich, denn die Einstellung der Christen zum Kaiserkult ist schon in den Evangelien mit dem „Zinsgroschen" deutlich dargelegt:

„Darum sage uns, was meinst du: Ist' s recht, dass man dem Kaiser Steuern zahle, oder nicht?

Da nun Jesus merkte ihre [der Pharisäer] Bosheit, sprach er: Ihr Heuchler, was versuchet ihr mich? Weiset mir die Steuermünze!

Und sie reichten ihm einen Groschen dar.

Und er sprach zu ihnen: Wes ist das Bild und die Aufschrift?

Sie sprachen zu ihm? Des Kaisers.

Da sprach er zu ihnen: So gebet dem Kaiser, was des Kaisers ist, und Gott, was Gottes ist!" [230]

---

[230] Mt 22,17-21.

Gott und Kaiser sind hier nicht auf einer Ebene gleichgestellt. Was des Kaisers ist, das ist das Geld, auf dem dessen Bild und Name steht. Was nicht sein ist, ist das, was Gottes ist: Anbetung.[231] Einem römischen Statthalter ohne christliche Bindung war diese Argumentation völlig fremd. Mehr noch: Die Anbetung sowohl des Kaisers als auch der traditionellen römischen Staatsgötter wurde als Bestandteil der römischen Kultgebräuche verlangt. Die Weigerung, an diesen Kultgebräuchen teilzunehmen, bedeutete einen Verstoß gegen ein Leben nach vorgezeichneten Ordnungen, auf denen der römische Staat beruhte. Es war jedoch dem Christen unmöglich, der Aufforderung nachzukommen, *„denn die Antithese zwischen Kaiserherrschaft und Christusbekenntnis wurzelt in der kultisch- religiösen Verquickung zwischen Kaisertum und Staatskult. Solange diese Verquickung bestand, war an einen Kompromiss der Christen nicht zu denken."*[232]

Dennoch: Dadurch, dass der Statthalter Bedenkzeit gibt, zeigt er, dass er nicht gegen Christen ihres Glaubens wegen vorgeht: Sie sollen nur opfern.

Er handelte auf Geheiß des Kaisers, der verlangt hat, *„dass jene, welche keine Anhänger der römischen Religion sind, trotzdem die römischen Kultgebräuche anerkennen müssen"* und der damit eine dem Römischen Reich und seiner Bevölkerung *„heilbringende Vorschrift"*[233] gegen den Feind der römischen Götter und religiösen Pflichten [234] erlassen hat.

---

[231] Cullmann, O., Der Staat im Neuen Testament, 2. Aufl., 1961, S. 14.
[232] Koep, L., Antikes Kaisertum und Christusbekenntnis (1961), in: Das frühe Christentum im Römischen Staat, Klein, R. (Hg.), Darmstadt 1971, S. 321.
[233] *„...salubre praeceptum..."*
[234] *„...et inimicum te diis Romanis et sacris religionibus constituisti. "*

Es ist daher insgesamt anzunehmen, dass des Kaisers Erwägungen wie folgt aussahen:

1. Wenn der hohe Klerus opferte, so opferte auch sein Gefolge.

2. Wenn er nicht opferte, stürben die geistigen Führer, und das Gefolge wäre von ihnen getrennt.

3. Den beiden Gedanken übergeordnet steht aber nach wie vor der Plan des Kaisers Decius, das Wohlwollen der traditionellen Götter wiederzugewinnen.

Die Hierarchie der Kirche zu zerstören, galt einzig dem Ziel, die religiöse Einheit im Römischen Reich wiederherzustellen.[235]

V./3. Ergebnis der Betrachtungen

Die Maßnahmen des Kaisers Valerian sind eine geradlinige Fortsetzung der Politik des Decius. Valerian forderte ein Opfer für die Götter des römischen Staates.

Im Unterschied zu seinem Vorgänger richtete sich seine Forderung nicht mehr an die gesamte Reichsbevölkerung: Sie richtete sich nur an die Führungsschicht der christlichen Kirche.

---

[235] Schwarte sagt dazu ähnlich, *„dass die Zerschlagung der christlichen Kirche kein Selbstzweck war, sondern die Wiederherstellung einer religiösen Einheit aller Reichsbewohner im Zeichen der römischen Staatsreligion erwirken sollte."*, Schwarte, K., H., S. 158.

VI. Kaiser Gallienus: Nolens volens Toleranz

IMP GALLIENS PF AUG GM

- RESTITUTOR ORBIS -

Der siegreiche Feldherr, der gerechte und glückliche Erhabene,

der große Sieger in Germanien,der Wiederhersteller des Erdkreises

(Avers und Revers einer Sesterz-Münze, ca. 257 n.chr., Roman imperial

coinage 236)

VI./1. Der drohende Reichszerfall unter Gallienus (253-268 n. Chr.)

Publius Licinius Egnatius Gallienus, der militärische Befehlshaber im Westen, hatte, während sein Vater, Kaiser Valerian, sich 254 n. Chr. der Ostgrenze, d.h. der Bedrohung durch die Perser zuwendete, 255 n. Chr. die großen Germanenstürme am Rhein und in Dacia zurückgehalten [236] und im Jahre 256 n. Chr. seinen Sohn Cornelius Valerianus zum Caesar erhoben. Seit dem Anfang 257 n. Chr. hatte er selbst mit seinem Vater, dem Kaiser Valerian, ein gemeinsames Konsulat bekleidet. Eine ganze Reihe von Problemen sollte ihn in den kommenden Jahren beschäftigen:

Anfang 258 n. Chr. erhob sich in Pannonien der Statthalter Ingenuus, dessen Aufstand jedoch von einem dem Valerian und Gallicnus ge-

---

[236] Ein Zeugnis seines vorübergehenden Erfolges in Germanien zeigt die Vorderseite eines Sesterzes der Münzstätte Rom aus dem Jahre 257 oder 258 n. Chr., die ihn mit der Umschrift IMP Galliens PF AUG GM, GM als *Germanicus Maximus* bezeichnet. Die Rückseite stellt Gallienus in militärischer Kleidung dar und feiert ihn mit der Umschrift RESTITU-ROR ORBIS, als Wiederhersteller des Erdkreises, RIC 236.

treuen Militär Aureolus niedergeschlagen wurde. Gallienus selbst war noch in Gallien.

Nur Monate später im Sommer 258 n. Chr. strebte P. Cornelius Regalius, wohl Statthalter von Oberpannonien, nach der Herrschaft und wieder war es Aureolus, der ihn in Pannonien schlagen konnte. Die Lage im Osten um 260 n. Chr. zeichnet Zosimus nach:

„Energielos und schlaff, wie Valerianus in seinem Leben war, verzweifelte er daran, der allgemeinen Lage, die sich zur Katastrophe entwickelt hatte, abzuhelfen und wollte durch Geldzahlungen dem Kriege ein Ende setzen, Sapor schickte jedoch, die zu ihm gesandten Unterhändler mit leeren Händen zurück und forderte, der Kaiser selbst solle wegen der ihm nötig erscheinenden Regelungen zu einer Aussprache kommen. Ohne Bedenken ging Valerian auf die Forderungen ein und eilte mit nur ein paar Begleitern zu Sapor, um mit ihm in Friedensverhandlungen einzutreten. Hierbei wurde er plötzlich von den Feinden festgenommen und musste in der Rolle eines Kriegsgefangenen bei den Persern sein Leben beschließen." [237]

Nachdem Valerian Ende Juni/Anfang Juli 260 n. Chr.[238] in die Hände der Perser gefallen war, traten für den eigentlichen alleinigen Augustus

---

[237] Zos. I 36,2.

[238] Eine andere Möglichkeit der Datierung der Gefangenahme Valerians nennt W. Kuhoff und beruft sich dabei auf eine Brückenbauinschrift aus der Nähe von Modena (CIL XI, 826). Sie nennt für Valerian und Gallienus gemeinsam die *tribunicia potestas* VII, gehört damit in den Zeitraum vom 10. 12. 258 n. Chr. bis zum 9.12. 259 n. Chr. Andererseits erwähnt eine fragmentarische Bauinschrift aus dem ehemaligen Legionslager Vindonissa (CIL XIII, 5203), die auf das Jahr 260 n. Chr. datiert ist, nur noch einen Augustus nebst Caesar. Beide Dokumente scheinen eine

Gallienus weitere Schwierigkeiten auf: Zunächst wurden vor dem 17. September 260 n. Chr. Macrianus und Fulvus Quietus, die Söhne des *praefectus fisci*, Macrianus, als neue Kaiser ausgerufen. Deren damalige Machtbasis war der Orient. Quietus blieb auch im Osten, der jüngere Macrianus aber zog mit seinem Vater Macrianus nach Europa, wo sie von den Truppen des Aureolus gestellt und umgebracht wurden. Im Westen ereignete sich nach Zosimus Folgendes:

„Postumus, der mit dem Befehl über die in Gallien stehenden Truppen betraut war, ließ sich zur Empörung hinreißen. Er nahm Soldaten, die mit ihm zusammen abgefallen waren, rückte vor Agrippina, eine sehr große Stadt am Rhein, belagerte hier den Saloninus, den Sohn des Gallienus, und erklärte, die Einschließung so lange fortzusetzen, bis man ihm diesen ausliefere. Unter dem Druck der Belagerung lieferten die Soldaten den Saloninus sowie seinen ihm vom Vater bestellten Beschützer Silvanus aus, worauf Postumus beide hinrichten ließ und dann selbst die Herrschaft über Gallien antrat."[239]

Zu dieser Zeit ließ sich der Quelle zufolge auch M. Cassianius Latinius Postumus, einer der Generäle der Rheinlegionen, den Gallienus schon 256 n. Chr. das westliche Oberkommando erteilt hatte, von den Truppen zum Kaiser ausrufen.

Einordnung der Gefangenahme Valerians ins Jahr 259 n. Chr. nahezulegen. Nach wie vor bleibt das genaue Datum jedoch umstritten. vgl. Kuhoff, W., Herrschertum und Reichskrise – Die Regierungszeit der römischen Kaiser Valerianus und Gallienus (253-268 n. Chr.), Kleine Hefte der Münzsammlung an der Ruhr-Universität Bochum; Nr. 4/5, Bochum 1979, S. 16.
[239] Zos. I 38,2.

Doch damit nicht genug: Von einer weiteren Besonderheit der Zeit berichtet Zosimus:

„...Um der verzweifelten Lage im Kampf gegen die Perser im Osten abzuhelfen, bestellte der Kaiser Odaenathus, einen Mann aus Palmyra, den die Herrscher ob seiner Vorfahren besonderer Ehrung für würdig erachteten. Der mischte unter die im Lande verbliebenen Legionen eine möglichst starke eigene Streitmacht und marschierte kampfentschlossen mit ihnen gegen Sapor aus, eroberte die von den Persern schon besetzten Städte zurück...“ [240]

Odaenathus, der Fürst von Palmyra, war in Syrien ebenso in den Kampf gegen die Perser getreten und erreichte eine quasi selbständige Position. Gallienus gab ihm den Titel *corrector totius Orientis*, wohl wissend um den Vorteil eines Pufferstaates zwischen Rom und den Persern, den Odaenathus nun auszubauen begann. Darüber hinaus kämpfte Odaenathus auch gegen den zweiten Sohn des Macrianus, gegen Quietus, und er siegte. Dennoch blieben die Bestrebungen des Odaenathus auf lange Sicht ein Problem für das Römische Reich und seinen Kaiser Gallienus.

Zusätzlich wird sich im Jahr 261 n. Chr. auch noch der *praefectus Aegypti*, Aemilianus, erheben. [241]

Zusammenfassung der Probleme unter Kaiser Gallienus in den Jahren 260/261 n. Chr.:

---

[240] Ebd. I 39,1.
[241] H.A. Gall. 4,1 auch Aur. Vict. epit. 32,4.

1. Usurpatoren verhindern die Alleinherrschaft des Kaisers:

- Im Westen wird Postumus von den Truppen zum Kaiser erhoben und ein Sonderreich bildet sich heraus.

- Im Osten sind die Söhne des Macrianus, Macrianus und Quietus, zu Kaisern bestimmt worden.[242]

- In Ägypten erfolgt die Usurpation des *praefectus Aegypti* Aemilianus.

2. Usurpationen und Machtbestrebungen nichtrömischer Herrscher führen zu Entwicklungen von Sonderreichen innerhalb des Römischen Reiches:

- Im Osten festigt sich das quasi selbständige Sonderreich von Palmyra unter Odaenathus.

3. Der Plan, die Zuneigung der traditionellen römischen Götter durch kollektives Opfern zu gewinnen, ist noch immer nicht gelungen. Einige Christen weigern sich auch weiterhin.

---

[242] Dass Usurpation für Gallienus ein besonders schweres Problem war, dem er begegnen musste, zeigt sich deutlich in der Münzprägung. Ein Antoninian der Münzstätte Mediolanum aus dem Jahre 261 n. Chr. zeigt auf der Vorderseite neben der Umschrift GALLIENUS AUG. die gepanzerte Büste des Gallienus mit einer Strahlenkrone nach rechts gewandt. Besonders interessant in diesem Zusammenhang ist der abgebildete und sich nach rechts aufbäumende Pegasus, sowie die Umschrift LEG II ADI VI P VI F. Gemeint ist hier die Legion II Adiutrix, die im 2. Jahrhundert in Pannonien stand und ihr Stammlager in Aquincum hatte. Ihr Dienst in Pflicht und Treue wird hier bezeugt. Mit der Umschrift VI P(IA) VI F(IDELIS) wird deutlich, dass die Legion eine solche Auszeichnung schon zum 6. Mal erhalten hat. Da die Datierung der Emission in die Zeit kurz nach der Erhebung des Postumus gelegt wird, lassen sich die Umschriften deutlich als Appell an Treue und Pflicht verstehen. Siehe: RIC 324F, zur Datierung vgl. Göbl, R., Regalianus und Dryantilla, Österr. Akademie der Wissenschaften, phil. – hist. Klasse, Denkschriften Bd. 101, Wien 1979, S. 50.

Welchem Problem aber sollte sich Kaiser Gallienus als Erstes zuwenden?

VI./2. Gallienus und das Christentum

VI./2.1 Das Toleranzedikt des Kaisers

Euseb von Caesarea beschreibt in seiner Kirchengeschichte den Beginn der Alleinherrschaft des Kaisers Gallienus. Er bescheinigt ihm große Klugheit in seinem Handeln, weil er Valerians Verfolgung der Christen beendet hatte.

Dazu zitiert Euseb einen Brief, den Kaiser Gallienus im Jahre 262 n. Chr. an den Bischof Dionysius von Alexandrien, an Pinnas und Demetrius sowie die anderen ägyptischen Bischöfe gerichtet haben soll:

„Aber nicht lange danach geriet Valerian in die Sklaverei bei den Barbaren, und sein Sohn, der daraufhin Alleinherrscher wurde, führte die Regierung mit größerer Klugheit und beendete sofort durch Edikte die gegen uns gerichtete Verfolgung. Er garantierte den Vorstehern des Wortes, ihren gewohnten Pflichten in Freiheit nachgehen zu können, durch ein Reskript, das folgenden Wortlaut hatte: ‚Der Kaiser Caesar Publius Licinius Gallienus, der Fromme, Glückliche, Erhabene, an Dionysius, Pinnas, Demetrius und die anderen Bischöfe. Ich habe befohlen, dass die Wohltat meines Gnadengeschenkes über die ganze Welt verbreitet werde, nämlich dass man sich von den Stätten, an denen Gottesdienste gefeiert werden, zurückziehen soll, und daher dürft ihr euch der Verordnung meines Reskripts bedienen, so dass euch niemand belästigen kann. Und das, was von euch im Rahmen des Möglichen wiedererlangt werden kann, habe ich

schon vor längerer Zeit gewährt. Deshalb wird auch Aurelius Quirinius, der oberste Finanzbeamte, über die Ausführung meiner Anordnung wachen.'

Dies sei hier eingefügt, zum besseren Verständnis aus der lateinischen Sprache übersetzt. Es ist auch eine weitere Verordnung des Kaisers überliefert, die er an die übrigen Bischöfe gerichtet hat. Darin hat er die Erlaubnis gegeben, die sogenannten Coemeterien wieder in Besitz zu nehmen.'[243]

Folgende Aussagen lassen sich Eusebs Behauptungen entnehmen:

1. Der Kaiser Gallienus soll zu Beginn seiner Alleinherrschaft ein Edikt erlassen haben. [244]

2. Ein weiteres Reskript des Kaisers garantierte die Freiheit der Bischöfe in der Ausübung ihrer Tätigkeiten.

3. Die Gottesdienststätten, an denen Christen ungestört bleiben mögen, sollen reichsweit freigegeben werden.

4. Ein kaiserlicher Beamter ist mit der Rückgabe des Kirchengutes betraut.

5. Eine zusätzliche Verordnung erlaubt die Wiederinbesitznahme der christlichen Friedhöfe durch die Christen. [245]

---

[243] Eus. HE VII 13.
[244] Dieses Edikt bezeugt Euseb, indem er sich auf einen Brief beruft, der im Jahre 262 n. Chr. von Dionysios geschrieben worden ist. Das heißt also, dass das Edikt nicht notwendig, wie von Euseb behauptet, auch im Jahre 260 n. Chr., d.h. zu Beginn der Alleinherrschaft des Gallienus, erlassen worden sein muss. Das Edikt kann auch erst im Jahre 262 n. Chr. erlassen worden sein.

Kaiser Gallienus entscheidet sich also, durch einen Brief im Jahre 262 n.
Chr. bezeugt, die Verbote und Maßnahmen seines Vorgängers aufzuhe-
ben. Bischöfe, Presbyter und Diakone, die sich weigern zu opfern, werden nicht mehr hingerichtet, stattdessen wird ihnen die Freiheit in der
Ausübung ihrer Tätigkeiten zugesichert. Niemand wird wegen der Zugehörigkeit zum Christentum verbannt oder zur Zwangsarbeit verschickt. Es finden keine Enteignungen mehr statt, im Gegenteil: Der
Fiskus gibt Kirchengut zurück. Der Besitzstand der Kirche wird also
anerkannt.

Hier ist der Punkt, zur Frage zurückzukehren, weshalb der ägyptische
Bischof Dionysius von Alexandrien, wie Euseb es in der Kirchengeschichte überliefert, seinen Verfolger Kaiser Valerian in Schutz nimmt
und behauptet, dass der ägyptische Magier Macrianus Valerian aufforderte, *„ die reinen und heiligen Männer [zu] töten und [zu] verfolgen...“*[246]
Euseb von Caesarea musste das Andenken des Kaisers Valerian, das in
der kirchlichen Tradition weiterlebte, durch Gebrauch der Worte eines
Zeitzeugen möglichst reinhalten, schließlich war der Sohn des Kaisers
Valerian, Kaiser Gallienus, ein Christenfreund und *„führte die Regierung
mit größerer Klugheit und beendete sofort durch Edikte die [...] Verfolgung.“* Der Vater eines großen Christenfreundes wie Gallienus durfte
einfach kein Christenfeind gewesen sein, folglich musste ihn jemand
verführt haben. Es kann nicht sein, was nicht sein darf. Euseb, nicht
unbedingt Dionysius, hat hier gesprochen.[247]

---

[245] Damit hebt Gallienus das Verbot des Valerian, die christlichen Friedhöfe zu betreten, wieder auf.
[246] Dion. bei Eus. HE VII 10,3-5.
[247] Dass jedoch Macrianus an den Maßnahmen gegen die Christen betei-
ligt gewesen sein könnte, darf auf Grund seiner Funktion angenommen

War aber Gallienus wirklich ein Christenfreund?

VI./2.1.1 Der rechtliche Status der Kirche nach dem Toleranzedikt

Die Aufhebung der Maßnahmen Valerians lässt zunächst durchaus die Deutung zu, dass Gallienus ein Christenfreund war und dass er aus Sympathie für den christlichen Glauben mit der Politik seines Vorgängers brach.

Um die Frage jedoch klar zu beantworten, ist es sinnvoll, einen Blick auf die rechtlichen Konsequenzen des Ediktes für die christliche Kirche zu werfen.

Juristisch, so lässt sich feststellen, ist das Edikt Valerians durch das Edikt seines Sohnes aufgehoben. Gallienus beendete die Maßnahmen Valerians aus den Jahren 257/8 n. Chr. durch neues Recht. Dieser Tatsache zufolge hätte das Christentum den alten Rechtsstatus vor 257 n. Chr. unter Kaiser Decius innegehabt: Das Christentum wäre demnach eine *religio illicita* gewesen.

Euseb selbst bekräftigt nur einige Passagen weiter die nicht vollständige Anerkennung der christlichen Religion, da er schreibt:

„Während damals die Kirchen überall Frieden hatten, wurde zu Caesarea in Palästina Marinus, ein mit militärischen Würden bekleideter, durch Geburt und Reichtum angesehener Mann, wegen seines Bekenntnisses zu Christus enthauptet.... Als er schon daran war, die Würde [eines Centurios] zu erlangen, trat ein anderer Bewerber vor den Richterstuhl mit der

---

werden. A. Alföldi dazu: *„Die technische Abwicklung der Maßnahmen, die gegen die Christen ins Werk gesetzt wurden, erforderten einen gewaltigen Apparat, der am ehesten von der Finanzverwaltung dargeboten werden konnte.",* Alföldi, Zu den Christenverfolgungen, S. 302.

Beschuldigung, Marinus dürfe nach den alten Gesetzen das römische Amt nicht übernehmen, da er Christ sei und den Kaisern nicht opfere. Vielmehr gebühre ihm die Stelle."

Daraufhin fragte ein Richter den Marinus nach seiner Überzeugung und da der Soldat sich zum christlichen Glauben bekannte, bekam er kurzerhand drei Stunden Bedenkzeit, die er in einer Kirche neben einem Bischof verbrachte, bevor er zum Richter zurückkehrte.

„Vor dem Richter bekannte er mit größerem Mute seinen Glauben, worauf er sofort so, wie er war, auf den Richtplatz abgeführt wurde und zu seiner Vollendung kam."[248]

Da der Soldat seinen christlichen Glauben bekräftigt, wird er nach den *„alten Gesetzen"* hingerichtet.

Der Bericht des Euseb ist ein deutliches Zeugnis dafür, dass das *nomen ipsum*, d. h., dass die bloße Zugehörigkeit zum Christentum, hier per Anzeige durch den Konkurrenten vor den Richter gebracht, für die Verurteilung des Soldaten ausschlaggebend ist. Mehr noch wird deutlich: Das *nomen ipsum* ist wieder Grund zur Verurteilung und darüber hinaus wird keine Opferforderung seitens des Richters laut: Es gibt sie nicht mehr.[249]

---

[248] Eus. HE VII 15, zit. nach der Übersetzung von Haeuser,P., durchges. v. H. A. Gärtner, Eusebius von Caesarea, Kirchengeschichte, herausg. u. eingel. v. H. Kraft, 3. Aufl., Darmstadt 1997.
[249] Molthagen ist der Meinung, dass mit dem Zeugnis der Hinrichtung des Soldaten Marinus auf Grund des *nomen ipsum*, ohne die Forderung

In Eusebs Darstellung fehlt jeder konkrete Hinweis darauf, dass das Christentum eine anerkannte Religion ist, vielmehr verrät die Darstellung, dass auch in der Regierungszeit des Gallienus die trajanische Rechtsregelung in der Praxis Gültigkeit hatte.

Mit der Zurückgabe der Versammlungsstätten und Friedhöfe wurde der Besitzstand der Kirche zwar anerkannt und die Kirche als in Besitz stehende Institution zugelassen [250], dennoch war die christliche Religion keine *religio licita*.

Die Tatsache aber, dass Gallienus das Christentum nicht zur *religio licita* erklärte, widerspricht der Annahme, er sei ein Christenfreund gewesen.

---

des Opfervollzuges die Rechtslage unter Gallienus deutlich wird: *„Gallienus hatte die Edikte seines Vaters aufgehoben und damit das auf der Opferforderung beruhende Vorgehen gegen die Christen eingestellt."*, Molthagen, J., S. 100.

[250] Alföldi sieht in dieser Tatsache die *„erste Legalisation des Christentums"*, Alföldi, A., Die Vorherrschaft der Pannonier im Römerreiche und die Reaktion des Hellenentums unter Gallienus, 1929, in: Alföldi, Studien zur Geschichte der Weltkrise, S. 239; Nach Vogt bleibt die rechtliche Stellung der Kirche unklar: *„Wenn die Gemeinden auch seitens Galliens tatsächlich anerkannt waren, so war doch keineswegs entschieden, dass die christliche Religion eine religio licita sei. Grundsätzlich bestand immer noch die Möglichkeit, gegen das Christentum als solches vorzugehen und es wurde auch von dieser Möglichkeit Gebrauch gemacht, wie das Martyrium des Marinus im palästinensischen Caesarea zeigt."*, Vogt, J. „Christenverfolgung I", S. 1190; so auch Molthagen, J., S. 100.; Nach Moreau kann die *„Bedeutung dieser Tatsache gar nicht hoch genug geschätzt werden, denn die Bischöfe wurden jetzt vom Staat als Repräsentanten der Gemeinde betrachtet, die bevollmächtigt waren, in ihrem Namen von den konfiszierten Gütern Besitz zu ergreifen. Somit wurde die Kirche zur legitimen Eigentümerin der Begräbnis- und Kultstätten. Allerdings gab es noch keine Bestimmung, die den Status der christlichen Religion endgültig festgelegt hätte."*, Moreau, J., S. 93.

VI./2.1.2 Tempora mutantur et nos mutamur in illis: Gallienus – neues Denken?

Gallienus verlässt den seit Kaiser Decius eingeschlagenen Weg in der Christenpolitik. Die Frage nach dem Sinn des plötzlichen Wandels wird deshalb laut. Warum also ändert Gallienus die Art des Vorgehens in der Christenpolitik?

Es darf wohl angenommen werden, dass Gallienus sich der Tatsache bewusst war, dass das Christenproblem durch kaiserliche Intervention bisher nicht hatte gelöst werden können: Das Edikt des Kaisers Decius aus dem Jahre 251 n. Chr. hatte nicht durchzusetzen vermocht, dass alle Christen in die Kultriten des Römischen Reiches eingebunden wurden. Valerian musste in den Jahren 257/8 n. Chr. die kaiserliche Christenpolitik seines Vorgängers sogar noch verschärfen. Und dennoch gelang das Vorhaben nicht, wofür das Edikt des Gallienus – unabhängig von seinen Gründen – zunächst selbst spricht. Der Erfolglosigkeit der Christenpolitik seiner Vorgänger gewiss, musste Gallienus die Christen von kaiserlicher Seite gewähren lassen. Etwas anderes musste die begonnene Aufgabe zum Ende führen, d.h. die daraus entstandenen Probleme mit den Christen lösen. Was aber hätte das sein können, wenn nicht kaiserliche Sanktionen? Wenn nicht die Staatsmacht, gab es dann überhaupt noch etwas, was die Christen zur traditionellen römischen Religion und zu den Kultriten hätte zurück bewegen können?

Vor allem aber war der Plan, durch das Wohlwollen der traditionellen römischen Götter das Wohl des Reiches zu erlangen, auch der Weg, den Gallienus verfolgte? Ging es dem Kaiser auch um die kollektive Rückbesinnung auf die traditionellen römischen Götter? Sollte mit Hilfe der römischen Götter die Gefahr für das Reich abgewendet und damit seine eigene Position gefestigt werden?

Porphyrios schreibt im Jahre 301 n. Chr. in seiner Schrift *Über Plotins Leben und über die Ordnung seiner Schriften*:

„Insbesondere aber zeichneten Kaiser Gallienus und seine Gemahlin Salonina den Plotinos aus und hingen ihm an. Er bediente sich dieser Zuneigung und bat darum, eine Stadt, die in Kampanien gelegen haben sollte, aber längst zerstört war, wieder zum Leben zu erwecken, und der neugegründeten Stadt das umliegende Land zu schenken; es sollten aber künftige Bewohner nach der Verfassung Platons leben und sie sollte den Namen Platonopolis erhalten; er versprach, sich mit seinen Schülern dorthin zurückzuziehen. Und wirklich wäre dieser Wunsch dem Philosophen mit Leichtigkeit erfüllt worden, wenn nicht Leute aus der Umgebung des Kaisers es aus Missgunst oder Argwohn oder sonst einem schlechten Motiv hintertrieben hätten."[251]

Porphyrios, der die Schriften Plotins nach dessen Tode 270 n. Chr. verwaltete, bezeugt eine Beziehung zwischen Gallienus und Plotin. Demnach soll Kaiser Gallienus der Lehre des platonischen Philosophen Plotin angehangen und ihn ausgezeichnet haben. Ferner soll der Plan Plotins dem Kaiser vorgetragen worden sein, eine Stadt nach dem Vorbild des platonischen Staates zu errichten, der jedoch aus nicht näher erläuterten Gründen nie umgesetzt wurde. Diese zwei Behauptungen geben Anlass zu folgender Überlegung, da sich in der Quelle zwei Sichtweisen verfolgen lassen:

---

[251] Porph. vit. 12.

1. Zum einen lässt die Quelle die Deutung zu, dass Kaiser und Philosoph in einer guten und innigen Beziehung standen, daher der Einfluss des Philosophen Plotins auf den Kaiser Gallienus sehr hoch gewesen sein mag.

2. Zum anderen legt die Tatsache, dass Plotin seinen Plan zum Bau der Platonopolis nur vorgetragen, jedoch nicht umgesetzt hat, die Deutung nahe, dass die Beziehung der beiden vielleicht gut, die Lehre Plotins aber letztlich nicht überzeugend war. Die Zuneigung zu Plotins Lehre erklärt sich mit der Offenheit des gebildeten Gallienus; der Einfluss des Philosophen auf den Kaiser jedoch war gering.

Innerhalb dieser beiden Deutungen darf das Edikt des Gallienus aus dem Jahre 260 n. Chr. so eingeordnet werden:

1. Wenn der Einfluss des Philosophen auf Gallienus groß war, dann hing der Kaiser einer Weltanschauung an, die bei Plotin selbst noch nicht in Feindschaft, wohl aber in Konkurrenz zur christlichen Schöpfungslehre stand. Sicherlich hätte er den Christen aus seiner Weltanschauung heraus keine Anerkennung im Rahmen seines Ediktes gegeben, war aber durch die Usurpationen genötigt, die Christen zunächst gewähren zu lassen. Er handelte in diesem Fall in dem Vertrauen auf die Kraft der platonischen Lehre, die das Christentum auf lange Sicht verdrängen würde.

2. Wenn der Einfluss des Philosophen jedoch gering, vielleicht nur ein Bildungsanreiz war, dann mag Gallienus abermals aus Überforderung durch die Usurpationen heraus zusätzlichen Problemen mit Christen

ausgewichen sein. Vielleicht handelte er so, weil er religiös offen war, was sich mit seiner hohen Bildung erklären ließe.

Sinnvoll ist es jedoch, jener behaupteten guten Beziehung zu Plotin und dem damit verbundenen Interesse des Kaisers an der platonischen Lehre zu vertrauen, denn die Zweifel daran lassen sich ausräumen: Die Tatsache, dass der Bau der Platonopolis nicht umgesetzt wurde, muss nicht auf eine Schwäche der platonischen Philosophie plotinischer Färbung vor dem Kaiser hindeuten. Der Kaiser kann überzeugter Anhänger des Planes gewesen sein, jedoch stand er mit den Usurpationen seiner politischen Gegner vor großen Aufgaben und konnte sich keinen anderen Projekten widmen. Vielleicht trennte Gallienus in seiner Lage zwischen politisch unumgänglichen Maßnahmen, die seine ganze Kraft verlangten, und philosophischen Träumen. Der Bau mag verschoben worden sein. Das Argument der fehlenden Umsetzung der Platonopolis überzeugt in diesem Sinne nicht. Es bleibt dabei: Gallienus stand der Lehre Plotins nahe und war sein Bewunderer und damit ist entschieden, dass der Einfluss des Philosophen auf Gallienus groß war. Es ist durchaus möglich, dass er die platonische Lehre plotinischer Färbung als künftige geistige Basis des Reiches verstand. Vielleicht könnte sie die begonnene Aufgabe, neben der staatlichen Einheit durch die *Constitutio Antoniniana* auch eine geistige Einheit des Reiches zu bereiten, zu Ende führen.

Molthagen dazu: *„Wie der Kaiser bei der Verteidigung der Grenzen und im Kampf gegen Usurpatoren Unternehmungen aufgab, die über die Kräfte des Reiches hinausgingen, und diese durch langfristige Reformen neu zu stärken versuchte, scheint er auch in der Christenfrage den augen-*

blicklichen Zustand hingenommen zu haben, um Zeit für eine Erneuerung
des heidnischen Glaubens und Denkens zu gewinnen." [252]

Warum aber sollte sich gerade die plotinische Lehre für die Erneuerung des heidnischen Glaubens und Denkens geeignet haben? Es gibt Gründe:

Reine Diesseitslehren wie der Epikureismus oder die Stoa, die bestimmte Lebensweisen vorschlugen oder Moral lehrten, befriedigten kaum das Verlangen der Menschen nach einer übersinnlichen und vielleicht besseren Welt, das durch die Verunsicherungen der Zeit gestärkt wurde. Und dieses Verlangen wuchs mit der zunehmenden Bedrohung des Römischen Reiches durch äußere Feinde, mit der Angst vor Naturkatastrophen, aber auch mit dem stetigen Verblassen der alten traditionellen römischen Werte. Es wuchs mit dem steigenden Maß an religiöser Haltlosigkeit in einer zunehmend orientalisch geprägten Kultvielfalt.

Der Versuch einer kollektiven Rückbesinnung auf die alte traditionelle römische Religion war gescheitert, die Christen hatten Gallienus belehrt.

Die römische Weltanschauung in ihrer philosophischen Natur bestand außerdem lediglich aus verschiedenen Versatzstücken der älteren griechischen Philosophie, die nie widerstandslos hingenommen wurde. Sorgsam war ausgewählt worden und nur was pragmatisch war und richtig erschien, wurde benutzt, weil es zur Orientierung diente und zum Ziel führte. Die Stoa und der Epikureismus verkündeten Dogmen, welche die Skepsis der römischen Denker nährte und schließlich zum radikalen Skeptizismus führte, der alle Systeme in ihrer Konkurrenz

---

[252] Molthagen, J., S. 99.

verwarf. Einzig die auf einen Ausgleich bedachte Haltung gegenüber allen Systemen war römischen Denkern wie Cicero, der die Gedanken verschiedener Schulen in seine Werke einband, eine gute Lösung. Doch der Eklektizismus, d.h. die Zusammenstellung verschiedener Elemente vorsokratischer und attischer, vor allem aber hellenistischer Philosophien, konnte das Verlangen nach dem Jenseits nicht befriedigen. [253] Der Platonismus Plotins aber war dazu in der Lage, denn er war eine Weltanschauung, die über den traditionellen Römerglauben hinausging und sich mit einem Jenseits, d.h. einer metaphysisch gearteten Welt beschäftigte.

Vor allem die in der plotinischen Lehre enthaltene platonische Ontologie[254] und der pythagoreische Gedanke der Seelenwanderung[255] konnten das metaphysische Verlangen der Menschen befriedigen.

---

[253] Aster dazu: „*Verständlicherweise ist es der Pythagoreismus und Platonismus, auf den man zurückgreift. Charakteristisch für die entstehende Metaphysik ist erstens ein zur Stoa und zum Epikureismus in Gegensatz tretender Dualismus zwischen Gott und Materie, Gutem und Bösem in der Welt; zweitens eine Dämonologie, die die Kluft zwischen Mensch und Gott mit allerhand Geisterwesen verschiedenen Ranges ausfüllt; drittens die Annahme der Seelenwanderung; viertens die Lehre, dass die Natur eben von geistigen Kräften beherrscht wird; endlich damit eine Tendenz der magischen Naturerklärung und Beherrschung, denn die Magie bedeutet die Beeinflussung der seelischen Kräfte in der Natur durch die seelischen Kräfte des Menschen.*", Aster, E. v., Geschichte der Philosophie, Stuttgart 1975, S. 104.
[254] Die Platonische Ontologie scheidet die Welt streng in zwei Bereiche: die Welt der hinfälligen Sinne und die wirkliche Welt der nur geistig erfahrbaren Dinge, in *doxa* und *episteme*: Auf seinen Reisen in Unteritalien kam Platon in Kontakt mit der Philosophie des Parmenides von Elea (ca. 540-470). Seine Philosophie ist in ihren Grundzügen stark von Parmenides beeinflusst. Parmenides Werk, um 480 v. Chr. entstanden, heißt „*Über die Natur*" und ist ein in Hexametern abgefasstes Lehrgedicht. Der erste Teil beschreibt den Weg des Menschen zur wahren

Erkenntnis. Der zweite Teil, von dem nur wenig Fragmente erhalten sind, beschäftigt sich mit dem Weg der Meinungen, den die gewöhnlichen Sterblichen gehen und der im trügerischen Schein der Sinne endet. Um die Akzeptanz seiner Lehre zu befördern, berief sich Parmenides auf eine Göttin, die ihn zu seinen Einsichten geführt *„Nötig ist zu sagen und zu denken, dass das Seiende Sein ist, ein Nichts dagegen ist nichts ..."*, Parm. Frg. 5.

Und rund 150 Jahre später heißt es bei Platon: *„Nimmer vermöchtest du ja zu verstehen Nichtsseiendes sei, sondern von solcherlei Weg halt fern die erforschende Seele!"*, Plat. Soph. 237A, 258d. Parmenides darf beim Wort genommen werden: „Seiendes ist", woraus folgen soll: Nichtsein ist nicht! Wenn es ein Nichts nicht geben kann, so müssen nur seiende Dinge existieren, oder kurz: Die Welt ist ohne Nichts, d.h. ohne leeren Raum und damit voll von seienden Dingen. Randvoll ohne den Platz für das Nichts. Wohin aber soll sich ein Gegenstand bewegen, wenn es überall von seienden Dingen umgeben ist, sich also kein Platz findet, kein leerer Raum findet, in den sich der Gegenstand hinein bewegen kann, wo ein Körper ist, kann kein anderer sein. Leerer Raum und Bewegung sind also unmöglich und doch lässt die Wahrnehmung Bewegung zu. Die Folge: Es muss sich um einen Irrtum handeln. Parmenides zieht daraus den Schluss, dass die Wahrnehmung den Menschen betrügt. Deshalb glaubt er an eine den trügerischen Sinnen überlegene, echtere Welt, die unabhängig von der menschlichen Wahrnehmung objektiv existiert: ein Jenseits. Erkennen ist nicht mehr durch Wahrnehmen und darauffolgendes Schließen möglich, sondern nur durch ein geistiges Schauen und seelisches Sich-Einfühlen. Parmenides begründet also das, was später den Namen metaphysische Ontologie tragen wird. Gemäß seiner Lehre ist die Welt zweigeteilt, Parmenides trennt die empirische Anschauung streng von der geistigen Erkenntnis. Hier die trügerische Welt der Sinne, da die wahre Welt der geistig erfahrbaren Dinge, hier *doxa*, da *episteme*. Die platonische Welt der *doxa* gliedert sich wiederum in *eikasia*, den Bereich der bloßen Vermutungen, von immateriellen Schatten-, Spiegel- und Abbildern, die ontologisch abhängig sind von dem höherwertigen Bereich, der *pistis*, dem Bereich des Glaubens, der materiellen Lebewesen und der Gegenstände. Die Welt der *episteme* aber unterteilt sich in *dianoia* und *noesis*. Im Bereich der *dianoia* finden sich die Dinge, die man durch geistige Schau, durch Nachdenken erkennen kann, wie z. B. die mathematischen Dinge. Im Bereich der *noesis* finden sich die Ideen, die sich Platon als ontologisch

Mit dem metaphysischen Schnitt, den die platonische Ontologie vor-
nahm, ließ sich die Welt sowohl materielle, auf dem empirischen Wege
erfahrbare Welt als auch als eine geistige Welt verstehen: ein Diesseits
und ein Jenseits. Der Mensch bleibt körperlich dem Diesseits verhaftet,
sein Wesen aber, seine Seele kann sich befreien. Und diesen gewachsenen Gedanken band Plotin in sein Werk. [256]

---

vorrangige Urbilder der konkreten materiellen Dinge, aber auch aller
abstrakten geistigen Dinge vorstellt, *die von unserer Erfahrung unabhängig existieren.*
[255] Pythagoras lehrte im 6. vorchristlichen Jahrhundert, was er von
ägyptischen Priestern gehört hatte, nämlich, *„dass des Menschen Seele
unsterblich sei und dass sie, wenn ihr Leib vergeht, in ein anderes Tier
einfahre, das eben entsteht...."*, vgl. Hdt. II 123.
Platon hat, rund 150 Jahre später, diese Lehre seiner Psychologie
dienstbar gemacht. Bei ihm klingt es ähnlich: Die sündige Seele steckt
zur Strafe in einem menschlichen Körper und sie verlässt ihn beim Tod,
da sie sich nach etwas Körperfernem sehnt. Die *soma-sema* Lehre besagt, dass der menschliche, materielle Körper der Seele Grab sei. Die
Seele soll das eigentliche Wesen des Menschen darstellen und der be-
wusstlose Eingang der Seele in den nous, den Weltgeist, gelingt jedoch
nur durch ethisches, das heißt, durch moralisch richtiges Verhalten im
Sinne Platons. Er ändert die pythagoreische Variante insofern, als dass
die Seele nach dem Tode nicht in ein Tier, sondern in einen neuen
menschlichen Körper eintaucht, mit dem sie sich fortan herumplagt.
Letzteres betrifft nur den unvernünftigen Menschen. Die Seele des Ver-
nünftigen geht zurück in den geistigen Urzustand der Seele, in das mit
den Sinnen unerreichbare Reich der Ideen. Was also beiden Philosophien, der des Pythagoras und der Platons entspricht, ist der Glaube an
die prä- und postmortale Existenz der Seele, die Existenz eines mit den
Sinnen unerreichbaren Reiches und der Gedanke von Lohn oder Strafe
nach dem Tode in Abhängigkeit von der sittlichen Qualität der Lebensführung.
[256]Auch bei ihm ist die Welt geteilt in die Körperwelt der materiellen
Dinge, die Natur, und in eine geistige Welt, an deren oberster Stelle das
hen, das Eine, steht, das sich jeder qualitativen und quantitativen Bestimmung entzieht, da es alles in der Welt in sich birgt und aus ihm

Wenn um die Mitte des 3. Jahrhunderts im Römischen Reich um Götter gestritten wurde, in der Vielfalt der Gottheiten, die richtigen Götter oder der richtige oder höchste Gott der Götter nicht gefunden werden konnte, d.h. wenn man Gott nicht von der Welt her bestimmen konnte, so konnte man doch mit Plotins Ontologie wenigstens die Welt von dem Einen her, dem *hen*, jener plotinischen Gottheit, aus der alles hervorgeht, erkennen. Wohl gemerkt: Dem gebildeten Menschen ist dies möglich, die Masse darf dem Polytheismus, den dennoch wirklich wirkenden römischen Göttern, welche die Ordnung der Welt gewähren, anhängen.

Plotin hat so gedacht, Gallienus ihn bewundert. Der Kaiser hing in jedem Fall einer Weltanschauung an, die mit der christlichen Schöpfungslehre nicht vereinbar war, Gallienus war kein Freund des christlichen Glaubens, er hätte der Kirche nicht willentlich Zugeständnisse gemacht.

---

alles in der Welt ausstrahlt, somit alles in der Welt mit dem Einen im Zusammenhang steht. „Das Eine ist alles. Alles ist aus ihm.", Porph. Enn. V 2,1. Aus dem Einen fließt daher der Geist aus, der die Sphäre der platonischen Urbilder gestaltet und der wiederum die Weltseele ausfließen lässt, die den gesamten Kosmos formt und beseelt und aus der abermals Einzelseelen ausfließen, deren Abbilder zuletzt die materiellen Dinge bilden, die von dem Einen, das zugleich der platonischen obersten Idee des Guten entspricht, am weitesten entfernt liegen und dem Bösen entsprechen. Auch die pythagoreische Idee der Seelenwanderung findet ihren Platz in der plotinischen Vorstellung, indem die menschliche Seele in der Ekstase einer unmittelbaren Versenkung in der kontemplativen Betrachtung des Einen, aus dem Körper zum Einen selbst hinaufsteigt und sich reinigt. Philosophie befreit die Seele aus der Schattenwelt der Körper und kehrt zum Einen zurück. Das *hen*, das Eine, aber setzt Plotin auch mit Gott gleich. Plotin versteht die Welt als Dualismus zwischen *hen*, der Gottheit, und der aus ihr ausfliesenden Materie.

Was ihn dazu gezwungen haben mag, wird deutlich, wenn dem letzten Teil der Bemerkungen Eusebs das besondere Augenmerk gewidmet wird. Er schreibt:

„Dies sei hier eingefügt, zum besseren Verständnis aus der lateinischen Sprache übersetzt. Es ist auch eine weitere Verordnung des Kaisers überliefert, die er an die übrigen Bischöfe gerichtet hat. Darin hat er die Erlaubnis gegeben, die sogenannten Coemeterien wieder in Besitz zu nehmen."[257]

Zuvor war in dem wiedergegebenen Edikt die Rede *„von den Stätten, an denen Gottesdienste gefeiert werden."*, den Gotteshäusern also, und dass sie freigegeben werden, nicht aber von den schon unter Valerian beschlagnahmten Friedhöfen.[258] Erst jetzt, sozusagen als Nachtrag, macht Euseb noch einmal darauf aufmerksam, dass durch eine weitere kaiserliche Verordnung auch die Friedhöfe wieder freigegeben wurden. Es stellt sich sofort die Frage, warum Euseb diesen Nachtrag *„zum besseren Verständnis aus der lateinischen Sprache übersetzt"* und der zitierten Quelle angefügt hat?

Die Antwort ergibt sich aus Eusebs Schrift selbst, denn nur wenig zuvor hat er in seiner Kirchengeschichte geschildert, dass Kaiser Valerian beides, sowohl die Benutzung der Gottesdiensthäuser als auch das Betreten der Friedhöfe, verboten hatte. Es hieß in der Auseinandersetzung des Statthalters mit dem Klerus:

---

[257] Eus. HE VII 13.
[258] Acta proconsularia Cypriani, die Prokonsularische Akte des Heiligen Cyprian 1-5.

„Der Statthalter Aemilianus erklärte ihnen [dem Bischof Dionysius, Faustus, Maximus, Marcellus und Chäremon]: ‚Auf keinen Fall soll es euch gestattet sein, Versammlungen zu veranstalten oder die sogenannten Coemeterien zu besuchen".[259]

Dem Leser sind die beiden Verbote also bekannt. In dem zitierten Edikt aber wird nur die Freigabe der Gottesdiensthäuser besprochen. Euseb stellt die Erlaubnis, die *Coemeterien* zu besuchen, absichtlich nach, weil der christenfreundliche Gallienus selbstverständlich auch beide Verbote zurücknehmen sollte und nicht nur das Verbot, die Gottesdiensthäuser wieder nutzen zu dürfen. Damit aber stellt sich eine andere und wesentlich wichtigere Frage: Wenn das valerianische Edikt beide Verbote umfasste, warum hat Gallienus, in seiner angeblichen Christenfreundlichkeit, in seinem Edikt nicht beide wieder zurückgenommen? Warum kann Euseb nur die Freigabe der Gottesdiensthäuser als Teil des Ediktes zitieren? Gallienus müsste doch beide Verbote in einem Edikt aufgehoben haben? Wird jetzt angenommen, Euseb habe den Nachtrag, wegen der angedeuteten Motivation, frei erfunden, so darf direkt die Frage gestellt werden:

Warum hat Kaiser Gallienus die Freigabe der Friedhöfe nicht zugelassen?

Gab es vielleicht gar kein reichsweites Edikt, das beide Verbote Valerians wieder aufhob, sondern nur ein Entgegenkommen des Kaisers, wonach einzig die christlichen Gottesdiensthäuser frei gegeben werden durften?

---

[259] Eus. HE VII 11,10., zit. nach der Übersetzung von Haeuser, P., Darmstadt 1997.

Dieser Frage muss nachgegangen werden und der bereits erwähnte Osterbrief des Dionysius von Alexandrien an Hermammon und die ägyptischen Brüder, den Euseb überliefert, kann helfen, Licht ins Dunkel zu bringen.

Dionysius schreibt:

„Ich muss nun die Aufmerksamkeit wieder auf die Tage der kaiserlichen Jahre lenken. Während ich sehe, dass die ganz und gar Gottlosen, selbst wenn sie sich einen Namen gemacht, bald wieder diesen Namen verloren haben, hat unser frommer und gottgefälliger Kaiser das siebente Regierungsjahr überschritten und vollendet nun ein neuntes Jahr, in dem wir das Fest feiern wollen."[260]

Der Osterbrief ist 261 n. Chr. geschrieben, da der Regierungsantritt, von der *Historia Augusta* bezeugt[261], nun mal 253 n. Chr. stattfand und *„unser frommer und gottgefälliger Kaiser das siebente Regierungsjahr überschritten [hat] und nun ein neuntes Jahr [vollendet]"*. Besonders wichtig ist hier die Feststellung, dass der Bischof Dionysius von Alexandrien den heidnischen Kaiser Gallienus, dessen Vorgänger – nach Auffassung der Kirche – Christen verfolgt haben, einen *„fromme[n] und gottgefällige[n] Kaiser"* nennt. Diese Anrede ist trotz des panegyrischen Stils der Zeit eine deutlich politische Stellungnahme. Mehr noch: Es ist die erste reichspolitische Stellungnahme eines frühkatholischen Bischofs vor Kaiser Konstantin überhaupt. Und noch mehr Lob hat Dionysius von

---

[260] Ebd. 23,4.
[261] H.A. Gall. 7,4.

Alexandrien für den Kaiser bereit, wenn er an den Usurpator Macrianus denkt:

„Gleich wie eine Wolke, die unter den Strahlen der Sonne hinzieht und diese auf einige Zeit verdeckt und verdunkelt und an ihrer Stelle erscheint, dann aber, wenn die Wolke vorbeigezogen ist und sich aufgelöst hat, die, die schon zuvor aufgegangen, von neuem aufgeht und scheint, so stellte und drängte sich Macrinanus vor die bestehende Herrschaft des Gallienus."[262]

Es muss festgehalten werden, dass der Bischof Dionysius von Alexandrien über das Lob an den Kaiser Gallienus hinaus konkret seine politische Position innerhalb der Machtkämpfe darlegt: Er war auf Seiten des Gallienus und gegen den Usurpator Macrianus, der sich im September 260 n. Chr. gegen den Kaiser erhoben hatte. Warum aber war ein christlicher Bischof in dieser Situation gegen den einen, aber für den anderen Heiden? Die Erinnerung an die Aussagen des Dionysius über Macrianus, die Euseb überliefert hat, helfen weiter, denn es war ja auch Macrianus, der den Kaiser beeinflusst und die Christenverfolgung unter seinem Vater Valerian ausgeheckt hatte. Es hieß ja:

„...Der Lehrer und oberste Führer der ägyptischen Magier aber überredete ihn, sich davon loszusagen, und hieß ihn die reinen und heiligen Männer töten und verfolgen...Valerianus ließ sich von diesem Menschen zu solchen Taten verführen."[263]

---

[262] Eus. HE VII 23,2-3.
[263] Dion. bei Eus. HE VII 10,3-5.

Dionysius hat also wegen der christenfeindlichen Gesinnung des Macrianus, die wohlgemerkt Euseb, indem er diese Worte Dionysius in den Mund legt, überliefert, Partei für Gallienus ergriffen und so ist denkbar, dass Gallienus dem Dionysius im Gegenzug für seine Treue einen Frieden mit seiner Gemeinde angeboten, vielleicht sogar eine Zusammenarbeit betrieben hat, denn Folgendes muss bedacht werden:

1. Kaiser Gallienus soll zwar zu Beginn seiner Alleinherrschaft ein Edikt erlassen haben, es muss aber wegen Eusebs Berufung auf den 262 n. Chr. geschriebenen Brief des Dionysius nicht notwendig im Jahre 260 n. Chr. erlassen worden sein. Das Edikt kann also auch aus dem Jahre 262 n. Chr. stammen.

2. Es existiert ein Osterfestbrief an Hermmamon[264] und die ägyptischen Brüder aus dem Jahre 261 n. Chr., darin Dionysius von Alexandrien sich zum Kaiser Gallienus bekennt.

3. Odaenathus, der Fürst von Palmyra, hatte den zweiten Sohnes des Macrianus gegen Quietus im Jahre 260 n. Chr. besiegt, dennoch hatte sich schon im Jahre 261 n. Chr. der *praefectus Aegypti*, Aemilianus, erhoben. Hier, in Alexandria, Ägypten, musste Gallienus also immer noch Widerstand gegen die Konsolidierung seiner Macht befürchten, hier brauchte er nun jede Hilfe. Gallienus hatte eine Zusammenarbeit mit den Christen, d.h. mit der Spitze des Klerus, der politisch auf die Gemeinde wirken konnte, nötig.

---

[264] Ebd. 11,10.

4. Nachdem Gallienus von der Loyalität der Christen profitiert hatte, erließ er zum Dank ein reichsweites Edikt, das aber lediglich die Gottesdiensthäuser in Ägypten freigab.

Eusebs Aussage, dass auch die Friedhöfe freigegeben wurden, bleibt eine Behauptung. Gallienus hat die Friedhöfe nicht freigegeben, weil er die christliche Kirche nicht anerkennen wollte: Er übte nur als Dank für die Unterstützung der Christen Toleranz, aber er war kein Christenfreund und kooperierte nur temporär aus politischem Kalkül heraus mit der Kirche.

Euseb ist dennoch bestrebt, Gallienus als Christenfreund darzustellen und komponierte dazu folgendes Muster:

1. Er lässt Dionysius sagen, dass Macrianus den Kaiser Valerian, der es anfangs gut mit den Christen meinte, überredete, eine Verfolgung zu befehlen. Zur Erinnerung – Dionysius bei Euseb:

„In der Geschichte des Valerian muss man sich über das eine wie das andere wundern, insbesondere aber die Art und Weise seines früheren Verhaltens ins Auge fassen, wie gütig und freundlich er gegen die Männer Gottes war. [...] Der Lehrer und oberste Führer der ägyptischen Magier aber überredete ihn, sich davon loszusagen, und hieß ihn die reinen und heiligen Männer töten und verfolgen."[265]

2. Ebenso lässt er später Dionysius den Macrinaus verdammen, den Kaiser Gallienus aber über die Maßen loben:

---

[265] Ebd. 10,3-5.

„Gleich wie eine Wolke die unter Strahlen der Sonne hinzieht und diese auf einige Zeit verdeckt und verdunkelt und an ihrer Stelle erscheint, dann aber wenn die Wolke vorbeigezogen ist und sich aufgelöst hat, die, die schon zuvor aufgegangen, von neuem aufgeht und scheint, so stellte und drängte sich Macrinanus vor die bestehende Herrschaft des Gallienus."[266]

Daraus ergibt sich folgendes Schema:

Macrianus ist christenfeindlich und schlecht, Kaiser Valerian im Grunde – und Gallienus sowieso – christenfreundlich und gut. Dieses Schema aber ist christliches Wunschdenken: Euseb stellt die beiden Kaiser als christenfreundlich dar. Valerian, der verführt wurde, Gallienus, der in seiner Christenfreundlichkeit jedes Fehlurteil des eigentlich unschuldigen Vaters revidiert. Das stimmt jedoch nicht: Keiner der beiden Kaiser war dem Christentum zugeneigt, denn wie gezeigt, verfolgte Valerian den Plan des Kaisers Decius weiter und Gallienus arbeitete nur aus politischer Berechnung kurz mit der christlichen Gemeinde in Alexandria zusammen.

Mit Eusebs Arrangements in der *Historia Ecclesiastica* sichert sich das Christentum hier eine wichtige Rolle und nimmt eine Stelle ein, die sie in der tatsächlichen römischen Politik gar nicht hatte: Beide Kaiser haben sich nicht für das Christentum interessiert. Und der „Erzmagier" Macrianus? Er war ein Usurpator, mehr ist nicht sicher.

---

[266] Ebd. 23,2-3.

Gallienus

Collezione Albani, MC 360, Kapitolinische Museen, Rom.

Publius Licinius Egnatius Gallienus (218 – 268 n. Chr.) war von 253 bis 260 n. Chr. neben seinem Vater, Valerian, Kaiser des Römischen Reiches. Von 260 bis 268 n. Chr. war er Alleinherrscher: In seine Regierungszeit fiel der Höhepunkt der Reichskrise im 3. Jahrhundert. Gallienus hob die Edikte, die sein Vater Valerian erlassen hatte und mit denen er die gewachsenen hierarchischen Strukturen der christlichen Gemeinden zerstören wollte, wieder auf.

VI./2.1.3 Ergebnis der Betrachtungen

Gallienus verfolgte nicht mehr den Weg, den seine Vorgänger einge-
schlagen hatten, er setzte nicht mehr auf eine kollektive Rückbesinnung
der römischen Bevölkerung auf die römischen traditionellen Götter.[267]
Vielmehr stand der Kaiser der Lehre Plotins nahe und war sein Bewunderer, der Einfluss des Philosophen auf Gallienus war groß. Möglicherweise wollte Gallienus die platonische Lehre plotinischer Färbung als
das künftig geistig einende Band des Römischen Reiches nutzen, das
neben der *Constitutio Antoniniana* die staatliche Einheit vollendet.

Der Kaiser sah sich zu einer lokalen Zusammenarbeit mit dem christlichen Klerus gezwungen und wusste sie zu nutzen: Im Osten musste
Gallienus durch das Bündnis mit Odaenathus, dem Fürsten von Palmyra, der den Sohn des Macrianus, Quietus, im Jahre 260 n. Chr. besiegt
hatte, nichts mehr befürchteten. In Ägypten aber stellte die Usurpation
des *praefectus Aegypti* Aemilianus im Jahre 261 n. Chr. seine Machtkon-
solidierung in Frage.

---

[267] Geiger gibt hier einen sehr interessanten Hinweis, wonach Valerians
Münzen *„Jupiter, Diana und Apollon als seine conservatores in Anspruch
nehmen und zum Bild von Diana die Legende* RELIGIO AVGG *kombinie-
ren* (siehe Göbl, Robert Münzprägung der Kaiser Valerian
I./Gallienus/Saloninus (253/68), Regalianus (260) und Macria-
nus/Quietus (260/262) (MIR 36,43,44), Wien 2000, S.191ff.) . *Für Gallienus sind aber fast keine Stücke von diesem Typen überliefert, was gegen eine Hauptrolle bei der Christenverfolgung spielt.* Später fast Geiger
zusammen *„Gallienus wurde durch diese christenfreundliche Politik
kaum selbst zu einem Christenfreund, wie schon seine neuplatonischen
Vorlieben und seine Münzprägung zeigen, bei der christlich interpretier-
bare Bilder und Legenden fehlen.“* Siehe: Michael Geiger, Gallienus,
Frankfurt am Main 2013, S. 277 bzw. S. 290.

Der christliche Bischof Dionysius von Alexandrien hatte sich in den Zeiten der Wirren, im Kampf um die kaiserliche Macht im Jahre 261 n. Chr. zu Gallienus bekannt und dieser Loyalität gewiss, konnte Gallienus auf die Unterstützung des Klerus hoffen, der politisch auf die Gemeinde einwirken und gegen Aemilianus agitieren konnte. Gallienus dankte der ägyptischen christlichen Gemeinde dafür: Indem er im Jahre 262 n. Chr. ein Edikt erließ, das die Gottesdiensthäuser im Reich freigab. Er gestand der christlichen Kirche jedoch nicht die volle Anerkennung zu, die Friedhöfe blieben geschlossen. Hier zeigt sich, dass Kaiser und Kirche zwar nicht geistig verbunden, aber zu einer politischen Zusammenarbeit fähig waren. Zum ersten Mal hat ein Kaiser das Netz und die hierarchische Struktur der christlichen Kirche zu seinen Gunsten, für seine politischen Interessen, genutzt.

VI./2.2 Die Folgen des Toleranzediktes

„Welch großes Ausmaß und welche Form vor der zu unserer Zeit erlittenen Verfolgung das Ansehen und die gleichzeitige Freiheit besaßen, deren das durch Christus verkündete Wort der Frömmigkeit hinsichtlich des Gottes des Alls damals von allen Menschen, Griechen wie auch Nichtgriechen, für würdig erachtet wurde, das angemessen darzustellen, übersteigt unsere Fähigkeiten." [268]

Es ist Euseb von Caesarea, der diese Worte in den Jahren nach 312 n. Chr. niederschreibt. Er versucht, die Zeit zwischen dem Gallienusedikt und den Verfolgungen des Kaisers Diokletian in seiner Zeit, also zwi-

---

[268] Ebd. VIII 1,1-7.

schen 260–303 n. Chr., zu beschreiben. Jedoch es will ihm, so schreibt er selbst, nicht gelingen, denn er kann das hohe Ansehen und die Freiheit der christlichen Kirche, die von Griechen und Nichtgriechen geachtet wurde, nicht angemessen in Worten beschreiben.

Unter „Nichtgriechen" kann Euseb christianisierte Städte wie Edessa[269], vielleicht auch das armenische Königreich, seit 300 n. Chr. bekehrt, verstanden haben. Doch Euseb übertreibt, wenn er weiter schreibt:

„Als Zeichen hierfür könnte man aber die Gunstbeweise der Herrscher gegenüber den Menschen unseres Glaubens anführen, denen sie sogar die Ämter der Provinzstatthalter in die Hände legten, wobei sie sie aufgrund der großen Zuneigung, die sie für ihre Lehre hegten, von der Gewissensqual der Opfer befreiten."

Es bleibt bei Eusebs allgemeiner Behauptung, dass es in diesem bewussten Zeitraum christliche Statthalter gegeben haben soll, er nennt aber keine Namen, obgleich ihm die Namensnennung einiger Christen, die nur niedrige Ämter innehatten, doch wichtig erscheint. Immerhin nennt er einen Adauctus, einen Christen am Hofe Diokletians, der *magister rei privatae* und *rationalis summarum* war.[270] Darüber hinaus kennt er einen Christen, Dorotheus, einen Presbyter aus Antiochia, der die Aufsicht über eine Purpurfärberei in Tyros innehatte.[271] Warum nennt er also nicht die Namen der christlichen Statthalter in den hohen Positionen? Kannte er keine?

---

[269] Kirsten, E., „Edessa", RAC IV, 1959, S. 568ff.
[270] Eus. HE VIII 11,2.
[271] Ebd. VII 32,2.

Der heutigen Forschung sind christliche Statthalter in diesem Zeitraum nicht bekannt. An gleicher Stelle spricht Euseb auch über Kirchenbauten:

„Wie könnte man jene von zahllosen Menschen besuchten Versammlungen und die Massen, die in jeder Stadt zusammenkamen, sowie die berühmten Zusammenkünfte an den Gedenkstätten beschreiben? Deswegen begnügten sie sich keineswegs mehr mit den vor Zeiten errichteten Gebäuden, sondern erbauten in allen Städten von den Fundamenten an weiträumige Kirchen."

Euseb behauptet den Bau großer Kirchen, welche die Massen an Gläubigen auffangen müssten; das aber darf bezweifelt werden: Vor Kaiser Konstantin sind nur vergrößerte Hauskirchen bekannt; das bestätigen archäologische Belege aus Dura Europos, Edessa und Nikomedia. Die Christen vor Konstantin versammelten sich in den sogenannten Hauskirchen, ganz im frühchristlichen Geiste des Apostels Paulus:

„Gott, der die Welt gemacht hat, und alles was darin ist, er, der des Himmels und der Erde der Herr ist, wohnt nicht in Tempeln, die mit den Händen gemacht sind." [272]

Ein konkretes Beispiel für die Existenz solcher Hauskirchen ist Dura Europos am Euphrat. Bei der dort gefundenen und heute in der Yale-Gallery zu New Haven, USA, wieder aufgebauten Kirche handelt es sich

---

[272]Apg. 17,24: *„Deus, qui fecit mundum, et omnia quae in eo sunt, hic caeli et terrae cum sit Dominus, non in manufactis templis habitat."*

„*um ein nachträglich dem gottesdienstlichen Zweck angepasstes Privat-haus...*" [273] Vor 313 n. Chr. ist keine monumentale Kirchenarchitektur bekannt. Es ist nicht einmal anzunehmen, dass jede Gemeinde ihr eige-nes Kirchengebäude hatte: „*Vielleicht ist manches noch vorhandene Urchristliche nicht mehr als solches erkennbar, da es sich von dem, was Nichtchristen schufen und was ihnen angehörte, nicht unterscheidet. Das gilt besonders für die Bauten, und zwar für diejenigen, in denen die Ur-christen Eucharistie feierten. Es geschah in Privathäusern, in Räumen, die nicht von den anderen in diesen Häusern zu unterscheiden waren.*" [274] Zwar wurden mit dem Priesteramt, als Mittler zu Gott, in der gesamten Kirche die inneren, d.h. geistigen Grundvoraussetzungen für die Heili-gung des Kirchenraumes geschaffen, dennoch blieb der Kultbau bis zu Konstantin offiziell profan, denn zu einer monumentalen Sakralarchi-tektur fehlt ein äußerer Faktor: die staatliche Anerkennung der Kirche, und die ließ Konstantin der Große erst im Jahre 312 n. Chr. zu. Dennoch hat Euseb darin sicher recht, dass die junge Kirche an Zuwachs gewann, das lässt sich mit dem Ausbau der kirchlichen Organisation und dem stattgegebenen christlich Kirchenleben nach dem Edikt des Kaiser Gal-lienus erklären.[275]

Es bleibt mit Euseb festzuhalten, dass das durch Christus verkündete Wort, die christliche Lehre also, „*damals von allen Menschen, Griechen wie auch Nichtgriechen, für würdig erachtet wurde...*" Die Rede ist von Achtung, nicht aber etwa von Gleichstellung durch den Kaiser. Die christliche Kirche hat trotz der Eingliederung als Rechtsperson nur

---

[273] Eisfeld, O., „Dura Europos", RAC IV, 1959, S. 362ff.
[274] Deichmann, F.W., Einführung in die christliche Archäologie, Darm-stadt 1983, S. 68 f.
[275] Baus, K., S. 412f.

eingeschränkte Anerkennung erhalten. Das Christentum ist keine *religio licita*, es erhält keine grundsätzliche Anerkennung. Wie in der Zeit vor Decius fristete es ca. 40 Jahre sein Dasein in eingeschränkter Duldung, die trajanische Rechtslage blieb praktisch erhalten.

Dass sich die christliche Kirche jedoch weiterhin in ihrer Struktur ausgebildet und gefestigt hat, auch dass die Anzahl der Christen wegen der neuen Freiheit der Gottesdienstausübung stieg, ist anzunehmen.

VII. Zusammenfassung der Christenpolitik Rom im 3. Jahrhundert

VII./1. Das Christentum unter Kaiser Decius

Die rechtliche Grundlage für den Umgang mit den Christen zur Zeit Trajans ist das 112/113 n. Chr. verfasste Reskript des Kaisers an seinen Statthalter Plinius.

Tertullians Klage über die Art der rechtlichen Behandlung bezeugt diese Rechtspraxis noch zu Beginn des 3. Jahrhunderts. Unverändert galt sie bis in die Mitte des 3. Jahrhunderts hinein.

Die christliche Religion war ihrem Rechtsstatus nach vor dem Opferedikt des Kaiser Decius, d.h. heißt vor dem Ende des Jahres 249 n. Chr. eine *religio illicita*, eine unerlaubte Religion. Dennoch wurde von Seiten des Staates nicht nach Christen gefahndet. Wenn sich jedoch ein Ankläger fand, der Christen des Christ-Seins beschuldigte, kam es zur Gerichtsverhandlung.

Die mit dem Namen „Christ" verbundenen Verbrechen sind in dem Vorwurf der *flagitia atrocia pudenda*, anstößigen, widerwärtigen Verbrechen, zusammengefasst. Die Christen wurden krimineller, nicht religiöser Verbrechen beschuldigt. Wenn der Christ aber seinem Glauben abgeschworen und den Staatsgöttern geopfert hatte, ging er straffrei aus. Der römische Staat betrachtete das Christentum nicht als politischen Gegner. Es ist von staatlicher Seite weder ein politisch noch religiös auffälliges Verhältnis zu den Christen erkennbar.

Das Opferedikt des Kaisers Decius ist keine Fortsetzung oder Erweiterung des Edikts Kaiser Trajans. Der staatlicherseits angeordnete kollektive Opferzwang mit schriftlicher Bestätigung durch die Behörden war eine Neuheit. Bei der Gegenüberstellung der christlichen Quellen und der römischen amtlichen *libelli* zeigt sich, dass das Edikt des Kaisers nicht gegen den christlichen Glauben gerichtet war. Die reichsweite Konkurrenz der orientalischen Kultformen führte zu einem Sinn- und Funktionsverlust der traditionellen römischen Religion. Die traditionellen römischen Götter waren von der römischen Bevölkerung vernachlässigt worden. Das Römische Reich befand sich in einer wirtschaftlich schlechten Lage, von Naturkatastrophen heimgesucht und zuletzt durch äußere Feinde bedroht.

Mit dem Edikt sollte der mangelnden Verehrung der römischen Götter begegnet werden, doch viele Christen konnten ihres exklusiven Monotheismus wegen den heidnischen Göttern bzw. dem lebenden Kaiser nicht opfern. Sie weigerten sich aus religiöser Überzeugung. Kaiser Decius nahm an, dass das Reich nur in einer Einheit zwischen Staatsvolk und Kultvolk in der rechten Verehrung der traditionellen Garantiegötter gedeihen konnte. Da diese Idee von den Christen blockierte wurde, musste Kaiser Decius gegen die sich weigernden Christen vorgehen.

Die Christen sind keinesfalls das Hauptproblem in der Politik der römischen Kaiser um die Mitte des 3. Jahrhunderts, wie es die Darstellungen in der christlichen Tradition vermitteln. Die Anzahl der Christen, welche die kaiserliche Absichten hätten vereiteln können, ist kaum anzugeben, mit Sicherheit jedoch war das Christentum in der Mitte des 3. Jhs. eine Minderheit, die zwar in fast alle Schichten eingedrungen war, jedoch Decius nicht veranlasste, seine Religionspolitik explizit negativ gegen die Christen zu richten. Die Konfrontation mit dem Christentum ergab sich erst aus der Verweigerung des Opfers.

VII./2. Das Christentum unter Trebonianus Gallus

Trebonianus Gallus hat möglicherweise im Jahr 252 n. Chr. ein Edikt herausgegeben, nach dem die gesamte Bevölkerung, keinesfalls aber explizit die Christen, dem Heilgott *Apollo Salutaris* ein Opfer darbringen sollte, um der Pest, die im Reich Opfer forderte, zu begegnen. Wahrscheinlicher aber handelt es sich bei den Maßnahmen um restliche Durchsetzungsversuche des decischen Edikts.

VII./3. Das Christentum unter Kaiser Valerian

Im Jahre 257 n. Chr. erließ Kaiser Valerian ein Edikt, das alle Kleriker aufforderte, den traditionellen römischen Göttern zu opfern. Bei Verweigerung des Opfers drohte die Verbannung. Das Edikt verbot den Christen, Friedhöfe zu betreten oder sich zu versammeln. Bei Missachtung der Anordnung drohten Kapitalstrafen. Mit diesen Maßnahmen nahm Kaiser Valerian die religionspolitische Praxis des Kaisers Decius mit einem Edikt wieder auf und verschärfte es durch Androhung von Verbannung und Kapitalstrafe. Das Edikt des Valerian aber richtet sich nur an die führenden Köpfe der Gemeinden, d.h. an Kleriker, welche die Gemeindemitglieder in der Verweigerung des Opfers bestärkten und so den Widerstand gegen Decius' Plan festigten. Valerian ging aber nicht gegen die Kleriker als gläubige Christen vor.

Ein 2. Edikt stellt eine Ausweitung und Verschärfung des 1. Ediktes dar, da sich weigernde Bischöfe, Presbyter und Diakone hingerichtet, Senatoren und hohe kaiserliche Verwaltungsbeamte sowie römische Ritter christlichen Glaubens enteignet werden sollten. Vornehme christliche Frauen sollten enteignet und verbannt, kaiserliche Hofbeamte zur Zwangsarbeit verschickt werden. Valerian wollte die Führer von der Anhängerschaft trennen, um nach wie vor den Plan des Kaisers Decius zu verfolgen, die Gunst der traditionellen römischen Götter zurückzugewinnen.

VII./4. Das Christentum unter Kaiser Gallienus

Kaiser Gallienus erließ zu Beginn seiner Alleinherrschaft ein Edikt, das die Freiheit der Bischöfe in der Ausübung ihrer Tätigkeiten garantierte sowie die Gottesdienststätten reichsweit freigab. Er beauftragte einen kaiserlichen Beamten mit der Rückgabe des Kirchengutes.

Durch die Usurpation des Postumus im Westen und der Macrinanussöhne im Osten sowie die Entwicklungen des Sonderreiches von Palmyra unter Odaenathus war seine Position als römischer Kaiser gefährdet.

Im Bewusstsein der gescheiterten Christenpolitik seiner Vorgänger, mit der Herstellung seiner eigenen Macht beschäftigt, setzte Gallienus die Christenpolitik nicht fort.

Als Dank für die Unterstützung der christlichen Kirche von Alexandria in der Auseinandersetzung mit dem Usurpator Aemilianus, zugleich im Vertrauen auf die Kraftlosigkeit der christlichen Lehre in der hellenistisch geprägten Geisteslandschaft, darüber hinaus vom Neuplatonismus als dem künftig geistig einenden Band der Römer überzeugt, gab Gallienus die Benutzung der Gottesdiensthäuser frei.

Dennoch war das Christentum keine *religio licita* und nur was die Kirchengebäude, d.h. den Besitzstand betraf, war es anerkannt und als Institution zur Rechtsperson erhoben. In Alexandria kam es zu einer lokalen, temporären Zusammenarbeit zwischen dem Kaiser und einer christlichen Gemeinde gegen die Usurpation des Macrianus. Damit wurde ein Teil der organisierten christlichen Kirche zum ersten Mal Objekt kaiserlich – politischer Berechnung. In der Regierungszeit des Gallienus hatte die trajanische Rechtsregelung dennoch weitere Gültigkeit. Die christliche Kirche breitete sich weiter aus und festigte ihre innere Struktur.

VII./5. Eine Christenpolitik zum Heil des Reiches – zum Wohle aller Römer

In den Jahren zwischen 249-260 n. Chr. gerieten bekennende Christen unter den Kaisern Decius und Valerian in lebensbedrohliche Schwierigkeiten. Der christlich exklusive Monotheismus stand dem römischen Polytheismus und dem römischen Kaiserkult gegenüber. Der römische Staat forderte als religiöse Pflicht seiner Bürger die staatliche Unterordnung. Dieser religiösen Pflicht nachzukommen, war der Glaubenstreue eines Christen jedoch unmöglich, und damit widersetzte sich ein Christ zwangsläufig der Unterordnung. Diese Verweigerung der Christen wiederum, den traditionellen Göttern zu opfern und den römischen Kaiser anzubeten, war ein Kapitalverbrechen und zog Strafe bis zum Tode nach sich.

Die Darstellung der kaiserlichen Absichten aber in der Christenpolitik Mitte des 3. Jahrhunderts ist bei Laktanz verfälscht: Die Taten christenfeindlicher Kaiser werden von Laktanz in die christliche Heilsgeschichte eingeflochten. Sie werden dem gottgewollten Ablauf der Ereignisse – als Prüfungen der Christenheit – eingebunden, Prüfungen, die das Christentum allesamt überwindet. Laktanz, um seine Botschaft zu verkünden, dass Gott seine Verfolger bestraft, wählte dazu diejenigen Kaiser aus, die eines besonders gewaltsamen und grausigen Todes gestorben waren. Um es deutlich zu zeigen: Mit der harten Bestrafung seiner Feinde und dem Sieg der Christen über die „Verfolgungen" zeigt sich Gottes Wille, nämlich dass das Christentum in der Geschichte überleben soll und überleben wird: Der Grundgedanke des Laktanz, dass christenfeindliche Kaiser nach dem Willen Gottes früh und unehrenhaft sterben und dass christenfreundliche Kaiser erfolgreich regieren, ist als Ausgangspunkt historischen Arbeitens fragwürdig, das ist keine Frage; es wäre jedoch unvernünftig, ihm heute einen Vorwurf daraus zu machen, denn er war nun einmal ein Mensch der römischen Spätantike, ein Kirchenhistoriker im Sinne seiner Zeit, zudem war er Christ. Dazu Karl Popper: *„Die Ansicht, dass Gott sich in der Welt offenbare, gilt oft als ein Teil des christlichen Dogmas, obgleich sich im Neuen Testament kaum ein Satz findet, der diese Lehrmeinung unterstützen könnte. Dasselbe gilt von der Ansicht, dass Geschichte sinnvoll ist und dass ihr Sinn der Zweck Gottes ist. Der Historizismus wird auf diese Art also als ein notwendiges Element der Religion hingestellt. Aber ich behaupte, dass diese Ansicht reine Idolatrie und Aberglaube ist nicht nur vom Stand eines Rationalisten und Humanisten aus, sondern auch vom christlichen Standpunkt aus betrachtet...Sie wagen es, verstehen und wissen zu wollen, was sein [was Gottes]*

Wille ist, während sie ihm ja nur ihre erbärmlichen kleinen historischen Interpretationen unterzuschieben versuchen. Aber vom christlichen Standpunkt aus betrachtet, liegt derartigen Versuchen nicht nur Arroganz zugrunde; was ihnen zugrunde liegt, ist, genauer gesagt, eine antichristliche Einstellung. Denn das Christentum lehrt, dass der weltliche Erfolg nicht entscheidend ist. Christus litt unter Pontius Pilatus,...[Pilatus aber], der Mann, der die historische Macht seiner Zeit darstellte, [spielt im Evangelium] ... nur eine rein technische Rolle eines Anzeigers der Zeit, zu der sich die Ereignisse abspielten...Und welche Ereignisse waren das? Sie hatten nichts zu tun mit machtpolitischen Erfolgen... Christus leidet. Daher erobert er nicht. Er triumphiert nicht. Er hat keinen Erfolg...Er erreicht nichts als seine Kreuzigung. ... [Damit] will ich zeigen, dass die Anbetung des historischen Erfolges nicht nur von meinem rationalistischen Standpunkt aus unvereinbar scheint mit dem Geist des Christentums. Nicht die historischen Taten der mächtigen römischen Eroberer, sondern (, um einen Ausdruck Kierkegaards zu verwenden), was einige Fischer der Welt gegeben haben', ist für das Christentum entscheidend. Und doch versuchen alle theistischen Interpretationen der Geschichte in der Machtgeschichte und im historischen Erfolg, die Manifestation des göttlichen Willens zu sehen."[276]

Laktanz also hängt einer theistischen Geschichtsauffassung an: Gott hat nicht nur die Welt erschaffen, er greift auch noch kausal ein und beeinflusst den Ablauf der Geschichte.

Laktanz' Behauptungen über die Motive der Kaiser Decius und Valerian sind aber wissenschaftlich nicht zu halten. Das Opferedikt des Kaisers

---

[276] Popper, K., Die offene Gesellschaft und ihre Feinde, Bd. II, 6. Aufl., München 1980, S. 335f.

Decius sowie die Maßnahmen Valerians stellen kein Einschreiten explizit gegen den christlichen Glauben dar. Kaiser Decius wollte mit seinem Opferedikt nicht die christliche Kirche verfolgen, nicht der christlichen Gemeinschaft schaden, nicht den christlichen Glauben an sich bekämpfen, ebenso war das nicht der Wille seines Nachfolgers.

Der römische Staat hatte auch unter Valerian kein Interesse an der Verfolgung der Christen. Die Religionspolitik Roms in der Mitte des 3. Jahrhunderts war nicht gegen das Christentum, nicht gegen den christlichen Glauben gerichtet. Der Konflikt ergab sich erst aus der Verweigerung des heidnischen Opfers, das zum Heil des Römischen Reiches, nicht aber zum Schaden der Christen gefordert wurde.

VII./6. Una sancta catholica ecclesia – Die eine heilige, allgemeine Kirche

Nicht nur der einzelne Christ war in ernste Schwierigkeiten geraten. Die ganze christliche Gemeinde war in den Jahren 249 – 262 n. Chr. ernsthaft bedroht, ihre Gläubigen zu verlieren, indem ihre Mitglieder ihrem Glauben entsagten oder indem sie gezwungenermaßen opferten, als Folge davon aber, selbst unter Reue, keine Wiederaufnahme in die Kirche fanden.

Darüber hinaus gerieten einzelne christliche Gemeinden mit ihren Bischöfen an der Spitze miteinander in Feindschaft, so dass dic christliche Gemeinschaft zu zerfallen drohte. Zweifellos war daher der Zeitraum, was das Überleben der christlichen Gemeinde betrifft, eine gefährliche Phase in der Geschichte des Christentums, so dass christliche Autoren wie Laktanz ihn in dramatischer Schilderung und völlig im Gedenken an ihre Mitbrüder zu überliefern suchten. Die Folge des Opferediktes war ein innerkirchlicher Streit um die Art der Wiederaufnahme der durch das heidnische Opfer vom Glauben abgefallenen Christen. Und gerade dieser Streit stärkte die Kirche, da er die Definition der Bußvollmacht des Bischofs hervorbrachte und somit die hierarchische Struktur der jungen Kirche stärkte, jetzt in der Mittlerstellung ihrer Bischöfe zwischen dem gläubigen Christen und seinem Gott.

Mit der Einigkeit der Bischöfe um eine unkomplizierte Wiederaufnahme bußwilliger Christen in die Gemeinschaft, angesichts der drohenden Maßnahmen Valerians, gelang die Organisation aller Christen in einer Kirche, allen Schismen, die sich daran entzündet hatten, zum Trotz. Die vollzogene Spaltung und der drohende Zerfall der christlichen Gemeinschaft wurden überwunden: Die Kirche ging als eine von den Bischöfen per Konzil vereinte, hierarchisch gelenkte und vernetzte Kirche erstarkt aus dem Konflikt mit dem römischen Staat hervor.

Unter Gallienus überwand sie den Konflikt und zum ersten Mal nutzte ein römischer Kaiser die vernetzte, hierarchische Struktur der Kirche. Darüber hinaus wurde die christliche Kirche als Institution zur Rechtsperson erhoben und stand damit unter dem Schutz des römischen Rechtes.

VII./7. Ausblick

Das Christentum wird sich in den folgenden Jahren weiter ausbreiten, die Kirche ihre innere Struktur abermals festigen und Rom wird als Zentrum der Christenheit eine herausragende Bedeutung erfahren. Christen werden fortan vermehrt in die Staatsämter eindringen, dennoch wird 303 n. Chr. unter Kaiser *Diokletian* eine umfassendere staatliche Verfolgung der Christen stattfinden, welche die Kirche dank der bis dahin seit der Mitte des 3. Jahrhunderts ausgebildeten Strukturen überwinden wird.

Es sind wieder Laktanz und Euseb, die uns über diese Zeit informieren und die den Caesar *Galerius*, der von 305 n. Chr. an Augustus sein wird, als treibende Kraft erkennen.

Die massive Zerschlagung der kirchlichen Organisation aber – samt der geistlichen Leitung – gelingt nicht. Galerius wird 311 n. Chr. für den Ostteil des Reiches ein Toleranzedikt erlassen und den Christen ermöglichen, ihre Gottesdienststätten wieder aufzubauen.[277]

Im Bürgerkrieg um die Macht im Jahre 312 n. Chr. wird die Zuneigung Kaiser *Konstantins I.* zum Christentum dermaßen wachsen, dass die Christen im Jahre 313 n. Chr. eine religiöse Gleichstellung erfahren. Das Christentum wird ein *religio licita* und ihre Anhänger werden als Beamte künftig bevorzugt, womit die innere Durchdringung der Institutionen des römischen Staates durch das Christentum beginnt.

Am Ende dieses Prozesses wird die untrennbare Verknüpfung von Staat und christlicher Kirche stehen: 380 n. Chr. wird Kaiser Theodosius das Christentum schließlich als Staatsreligion etablieren.

Der Grundstein zu dieser Entwicklung aber wurde mit der beschlossenen Einheit der hierarchischen und vernetzten christlichen Kirche in der Folge der Auseinandersetzung zwischen dem römischen Staat und der christlichen Gemeinschaft in den Jahren 249-262 n. Chr. gelegt.

---

[277] In den Diözesen Oriens und Ägypten, d. h. im Machtbereich des Kaisers Maximinus Daja, wird die Verfolgung noch bis zum Jahr 313 n. Chr., zum Sieg des Kaisers Licinius über Maximinus, andauern.

Kaiser Konstantin

S 791, Kapitolinische Museen, Rom.

Flavius Valerius Constantinus (zw. 272 und 285 –337 n. Chr.) war von 306 bis 337 n. Chr. römischer Kaiser, von 324 n. Chr. an Alleinherrscher. Bedeutendstes Ereignis seiner Regierungszeit war die *Konstantinische Wende*, womit der Aufstieg des Christentums zur wichtigsten Religion im Imperium einherging. Seit 313 n. Chr. garantierte die *Mailänder Vereinbarung* reichsweit Religionsfreiheit.

VIII. Abkürzungsverzeichnis

AdW: Akademie der Wissenschaften

Alex. Sev.: Alexander Severus

Aug. civ.: Augustinus, de civitate dei

Aur. Vict.: Aurelius Viktor

Cass. Dio: Cassius Dio

CCL: Corpus Christianorum series Latina

CIL: Corpus Inscriptionum Latinarum, herausgegeben von der Preußischen Akademie der Wissenschaften, Leipzig/Berlin 1862

CSEL: Corpus Scriptorum Ecclesiasticorum Latinorum

Cypr. ad demetr.: Cyprianus, ad Demetrianum

Cypr. de eccl.: Cyprianus, de ecclesiae unitate

Cypr. de lap.: Cyprianus, de lapsis

Cypr. epist.: Cyprianus, epistulae

Dan: Daniel

Dion. in Eus.: Dionysius von Alexandrien bei Euseb

Eph: Epheserbrief

Eus.: Eusebios

Ex: Exodus

GCS: Griechisch Christliche Schriftsteller

HA: Historia Augusta

HdA: Handbuch der Altertumswissenschaft

Hdt.: Herodot

HE: Historia Ecclesiastica

Iuv. sat.: Iuvenal, saturae

JbAC: Jahrbuch für Antike und Christentum

Jhs.: Jahrhunderts

Kor: Korintherbrief

Lact. de mort.: Lactantius, de mortibus persecutorum

Mk: Markusevangelium

Mt: Matthäusevangelium

Plat. Soph.: Platon, sophista

Plin. epist.: Plinius minor, epistulae

Porh. enn.: Porphyrios, enneaden

Porph. vit.: Porphyrios, vita Plotini

RAC: Reallexikon für Antike und Christentum

RIC: The Roman Imperial Coinage

RE: Paulys Realencyklopädie der classischen Altertumswissenschaft

Tert. adv.: Tertullian, adversus Iudaeos

Tert. ad scap.: Tertullian, ad scapulam

Tert. apol.: Tertullian, apologeticum

Sep. Sev.: Septimius Severus

ThZ: Theologische Zeitschrift

TR: Theologische Realenzyklopädie

Zos.: Zosimus, Neue Geschichte

IX. Quellen- und Literaturverzeichnis

IX./1. Quellen

IX./1.1 Literarische Quellenausgaben

- Cassius Dio, Römische Geschichte, übersetzt von Otto Veh, Bde. 1-5, Zürich 1985.

- Diogenes Laertios, Leben und Lehre der Philosophen, herausgegeben und übersetzt von Fritz Jürß, Stuttgart 1998.

- Herodot, Neun Bücher der Geschichte, herausgegeben und übersetzt von Heinrich Stein und Wolfgang Stammler, Essen 1990.

- Iuvenal, Satiren, lateinisch und deutsch, herausgegeben und übersetzt und mit Anmerkungen von Joachim Adamietz, München 1993.

- Novum Testamentum Graece et Latine, ed. Eberhard Nestle/Kurt Aland, 26. Aufl., Stuttgart 1984.

- Laktanz, de mortibus persecutorum, übersetzt und eingeleitet von Alfons Städele, Fontes Christiani, Bd. 43, Turnhout 2003.
- Parmenides, Fragmente der Vorsokratik, herausgegeben und übersetzt von Hermann Diels, Berlin 1964.

- Platon, Sophistes, herausgegeben von Erich Loewenthal, übersetzt von Friedrich Schleiermacher, Heidelberg 1982.

188

- Porphyrios, Über Plotins Leben und die Ordnung seiner Schriften, Text, Übersetzung, Anmerkungen aus der Reihe Plotins Schriften, übersetzt von Richard Harder, Bd. C (Anhang), besorgt von Walter Marg, Hamburg 1958.

- Sextus Aurelius Victor, Liber de Caesaribus, ed. Franz Pichlmayr/Roland Gruender, Leipzig, 1961.

- Vetus Testamentum Graece, herausgegeben und übersetzt von Alfred Rahlfs, Bd. 1, Stuttgart 1965.

- Zosimos, Neue Geschichte, übersetzt und eingeleitet von Otto Veh, durchgesehen und erläutert von Stefan Rebenich, in: Bibliothek der Griechischen Literatur, Peter Wirth und Wilhelm Gessel (Hrsg.), Bd. 31, Stuttgart 1990.

Übersetzung folgender Texte von Peter Guyot, in: Das Frühe Christentum bis zum Ende der Verfolgungen, Bde. 1-2, herausgegeben mit einem Kommentar von Richard Klein, Darmstadt 1993:

- C. Plinii Caecilii Secundi epistularum libri novem, epistularum ad Traianum liber, Panegyricus, ed. Mauriz Schuster, Leipzig 1952.

- Chronica Minora, Catalogus liberianus, ed. Theodor Mommsen, tom. I, Berlin 1892.

- Eusebius Werke II, GCS 9,2, Kirchengeschichte II, ed. Eduard Schwartz, Leipzig 1908.

- Lactantius, De mortibus persecutorum, ed. James Leheny, Creed, Oxford 1964.

- Meyer, Paul M., Die Libelli aus der decianischen Christenverfolgung, Abhandlung der königlich preußischen AdW, Berlin 1910.

- Sancti Aurelii Augustini episcopi de civitate dei, libri XXII, vol. II, ed. Bernadus Dombart/Alfonsus Klab, Darmstadt 1981.

- Sancti Cypriani episcopi opera I, CCL 3, Ad Quirinum, ad Fortunatum, ed. Robert Weber; de lapsis; de ecclesiae unitate, ed. Maurice Bevenot, Turnhout 1972.

- Scriptores Historiae Augustae, vol. I, ed. Ernestus Hohl, Leipzig 1964.

- S. Thascii Caecilii Cypriani opera omnia, CSEL 3,1, ed. Wilhelm August von Hartel, Wien 1886.

- The Acts of the Christian Martyrs, Passio Perpetuae et Felicitatis und die Proconsularische Akte des Cyprian, ed. Herbert Musurillo, Oxford 1979.

- Tertulliani opera, pars I, CCL 1, pars II, CCL 2, Apologeticum, ed. Eligius Dekkers, Turnhout 1954.

- Tertulliani opera, pars II, CCL 2, adversus Iudaeos, ed. Aemilius Kroymann, Turnhout 1954.

IX./1.2 Münzen

- RIC 16 (a), London, British Museum.

- RIC 16 (c).

- RIC 5.

Mattingly, Harold/Sydenham, Edward A. (Hrsg.):
RIC Vol. IV Part III, Gordian III- Uranius Antoninus, London 1923, Reprint 1993.

- RIC 236, London, British Museum.

- RIC 324 F, London, British Museum.

Mattingly, Harold/Sydenham, Edward A.(Hrsg.):
RIC Vol. V Part I, Valerian I-Florian, London 1927, Reprint 1972.

- Pink, Karl, Apollo Arnazi; mit einem Exkurs von Elmer, Georg, in: Jahrbuch des Deutschen Archäologischen Instituts 52, Berlin 1937, S. 104-110.

IX./1.3 Inschriften

- CIL 3, 12519
- CIL 13724
- CIL 13758
- CIL III 12351= ILS 8922

- Alföldi, Geza, Römische Statuen in Venetia et Histria, Abhandlung der Heidelberger AdW, Heidelberg 1984.

IX./2. Literatur

IX./2.1 Lexikon- und Handbuchartikel

- Manni Eugenio, „Gallienus", RAC VIII, Klauser, Theodor (Hrsg.), Stuttgart 1972, S. 962-984.

- Eisfeld, Otto, „Dura Europos", RAC IV, Klauser, Theodor (Hrsg.), Stuttgart 1959, S. 357-396.

- Freudenberger, Rudolf (u.a.), Christenverfolgungen, TR VIII, Berlin 1981, S. 23-62.

- Gross, Karl, „Decius", RAC III, Klauser, Theodor (Hrsg.), Stuttgart 1957, S. 611-629.

- Kirsten, Ernst, „Edessa", RAC IV, 1959, S. 568-597.

- Kötting, Bernhard, „Christentum I (Ausbreitung)", RAC II, Stuttgart 1954, Klauser, Theodor (Hrsg.), S. 1138-1159.

- Last, Hughes, „Christenverfolgung II (juristisch)", RAC II, Klauser, Theodor (Hrsg.), Stuttgart 1954, S. 1208-228.

- Latte, Kurt, Gottesvorstellung, in: Handbuch der Altertumswissenschaft, begründet von Iwan Müller, erweitert von Walter Otto, fortgeführt von Hermann Bengtson, 5. Abteilung, Teil 4, Kapitel IV, München 1976, S. 50-63.

- RE, Neue Bearbeitung begonnen von Georg Wissowa, herausgegcbcn von Wilhelm Kroll, Dreiunzwanzigster Halbband, Kynesioi bis Legio, München 1924.

- Vogt, Joseph, „Christenverfolgung I (historisch)", RAC II, Stuttgart 1954, Klauser, Theodor (Hrsg.), S. 1159-1207.

IX./2.2 Monographien

- Aster, Ernst von, Geschichte der Philosophie, Stuttgart 1975.

- Alföldi, Geza, Römische Statuen in Venetia et Histria. Epigraphische Quellen, Abhandlungen der Heidelberger AdW, Phil.- hist. Kolloquium, Jg. 1984, 3. Abhandlung, Heidelberg 1984.

- Christ, Karl, Geschichte der römischen Kaiserzeit: von Augustus bis zu Konstantin, 3. Aufl., München 1996.

- Christ, Karl, Römische Geschichte, Darmstadt 1973.

- Conzelmann, Hans/Lindemann, Andreas, Arbeitsbuch zum Neuen Testament, 10. Aufl., Tübingen 1991.

- Cullmann, Oscar, Der Staat im Neuen Testament, 2. Aufl., Tübingen 1961.

- Cumont, Franz, Die orientalischen Religionen im römischen Heidentum, Leipzig 1931.

- Deichmann, Friedrich Wilhelm, Einführung in die christliche Archäologie, Darmstadt 1983.

- Domaszewski, Alfred von, Die Religion des römischen Heeres, Trier 1895.

- Ehrhard, Albert, Die Kirche der Märtyrer, München 1932.

- Frend, William H.C., The Rise of Christianity, Philadelphia 1984.

- Freudenberger, Rudolf, Das Verhalten der römischen Behörden gegen die Christen im 2. Jahrhundert, dargestellt am Brief des Plinius an Trajan und den Reskripten Trajans und Hadrians, München 1967.

- Geiger, Michael, Gallienus, Frankfurt am Main, 2013.

- Grant, Robert M., Christen als Bürger im Römischen Reich, Göttingen 1981.

- Gottlieb, Günther, Christentum und Kirche in den ersten drei Jahrhunderten, Heidelberg 1991.

- Göbl, Robert, Regalianus und Dryantilla, Österr. Akademie der Wissenschaften, phil.-hist. Klasse, Denkschriften Bd. 101, Wien 1979.

- Göbl, Robert Münzprägung der Kaiser Valerian I./Gallienus/Saloninus (253/68), Regalianus (260) und Macrianus/Quietus (260/262) (MIR 36,43,44), Wien 2000.

- Gülzow, Henneke, Cyprian und Noviatian. Der Briefwechsel zwischen den Gemeinden in Rom und Karthago zur Zeit der Verfolgung des Kaisers Decius, Tübingen 1975.

- Harnack, Adolf von, Militia Christi, Die christliche Religion und der Soldatenstand in den ersten drei Jahrhunderten, Tübingen 1905.

- Harnack, Adolf von, Mission und Ausbreitung des Christentums in den ersten drei Jahrhunderten, 4. Aufl., Leipzig 1924.

- Kent, John P.C., Overbeck Berhard, Stylow, Armin U., Die Römische Münze, München 1973.

- Kuhoff, Wolfgang, Herrschertum und Reichskrise – Die Regierungszeit der römischen Kaiser Valerianus und Gallienus (253-268 n. Chr.), Kleine Hefte der Münzsammlung an der Ruhr- Universität Bochum; Nr. 4/5, Bochum 1979.

- MacMullen, Ramsay, Christianizing the Roman Empire (A.D. 100-400) 1984, S. 32; S. 135f.

- Martin, Jochen/Quint, Barbara, (Hrsg.) Christentum und antike Gesellschaft, Darmstadt 1990.

- Molthagen, Joachim, Der römische Staat und die Christen im zweiten und dritten Jahrhundert, 2. Aufl., Göttingen 1975.

- Moreau, Jacques, Die Christenverfolgung im Römischen Reich, 2. Aufl., Berlin 1971.

- Plöchl, Willibald, M., Geschichte des Kirchenrechts, 2. Aufl., Wien – München 1960.

- Popper, Karl, Die offene Gesellschaft und ihre Feinde, Bd. II, 6. Aufl., München 1980.

- Stark, Rodney, The Rise of Chrsitianity, A Sociologist Reconsiders History, Princeton 1996, S. 4-13.

- Selinger, Reinhard, Die Religionspolitik des Kaisers Decius, Anatomie einer Christenverfolgung, Europäische Frankfurt a. M., Berlin, Bern 1994.

- Stein, Artur, Die Präfekten von Ägypten in der römischen Kaiserzeit, Bern 1950.

- Vogt, Joseph, Die Alexandrinischen Münzen, Bd.I, Stuttgart 1924.

- Vogt, Joseph, Zur Religiosität der Christenverfolger im Römischen Reich, Heidelberg 1962.

- Zeiller, Jaques, de l'eglise I, Paris 1938.

IX./2. Aufsätze/Sammelbände

- Andresen, Carl, Der Erlass des Gallienus an die Bischöfe Ägyptens (Euseb. HE VII 13), in: Studia Patristica Bd. XII, herausgegeben von Elizabeth, A. Livingstone, Berlin 1975, S. 385-398.

- Alföldi, Andreas, Die Vorherrschaft der Pannonier im Römerreiche und die Reaktion des Hellenentums unter Gallienus, 1929, in: Alföldi, Andreas, Studien zur Geschichte der Weltkrise des 3. Jahrhunderts nach Christus, Darmstadt 1967, S. 228-284.

- Alföldi, Andreas, Zu den Christenverfolgungen in der Mitte des 3. Jahrhunderts, in: Studien zur Geschichte der Weltkrise des 3. Jh. n. Chr., Darmstadt 1967, S. 360-374.

- Alföldi, Geza, Römische Heeresgeschichte, Gesammelte Beiträge 1962-1985, Mavors II, Amsterdam 1987.

- Alföldi, Geza, Die Krise des Imperium Romanum und die Religion, in: Religion und Gesellschaft in der römischen Kaiserzeit, Kölner Historische Abhandlungen, Bd. 35, Köln-Wien 1989, S. 53-102.

- Baus, Klaus, Von der Urgemeinde zur frühchristlichen Großkirche, in: Handbuch der Kirchengeschichte Bd. I, Jedin, Huber. v (Hrsg.), Freiburg 1962.

- Bleckmann, Bruno, Die Reichskrise des III. Jahrhunderts in der spätantiken und byzantinischen Geschichtsschreibung, Untersuchungen zu den nachdionysischen Quellen der Chronik des Johannes Zonaras, in: Quellen und Forschungen zur Antiken Welt Bd. 11, München 1992.

- Bleckmann, Bruno, Zu den Motiven der Christenverfolgung des Kaisers Decius, in: Deleto paene imperio Romano. Transformationsprozesse des Römischen Reiches im 3. Jahrhundert und ihre Rezeption in der Neuzeit, Klaus-Peter Johne/Thomas Gerhardt/Udo Hertmann (Hrsg.), Stuttgart 2006, S. 59-71.

- Borleffs, Jan-Willem PH., Institutum Neronianum (1952), in: Das frühe Christentum im römischen Staat, Klein, Richard (Hrsg.), Darmstadt 1971, S. 217-235.

- Caspar, Erich, Geschichte des Papsttums, Bd. I, Tübingen 1930.

- Flaig, Egon, Für eine Konzeptionalisierung der Usurpation im spätrömischen Reich, in: Pascholud Francois/Szidat, Joachim (Hrsg), Usurpation in der Spätantike, Stuttgart 1997, S. 15-34.

- Fleck, Thorsten, Isis, Sarapis, Mithras und die Ausbreitung des Christentums im 3. Jahrhundert, in: Deleto paene imperio Romano. Transformationsprozesse des Römischen Reiches im 3. Jahrhundert und ihre Rezeption in der Neuzeit, Klaus-Peter Johne/Thomas Gerhartd/Udo Hertmann (Hrsg.), Stuttgart 2006, S.289-314.

- Freudenberger, Rudolf, Die Auswirkung kaiserlicher Politik auf die Ausbreitungsgeschichte des Christentums bis zu Diokletian, in: Frones, Heinzgünther/Knorr, Uwe, W. (Hrsg.), Kirchengeschichte als Missionsgeschichte, München 1974, S. 131-146.

- Huttner, Ullrich. Zwischen Traditionalismus und Totalitarismus, Zur Ideologie und Praxis der Regierung des Kaisers Decius, in: Deleto paene imperio Romano. Transformationsprozesse des Römischen Reiches im 3. Jahrhundert und ihre Rezeption in der Neuzeit, Klaus-Peter Johne/Thomas Gerhartd/Udo Hertmann (Hrsg.), Stuttgart 2006, Stuttgart 2006, S.37-56.

- Knorr, Uwe, W., Kirchengeschichte als Missionsgeschichte Bd.I, München 1974.

- Koep, Leo, Antikes Kaisertum und Christusbekenntnis im Widerspruch (1961), in: Das frühe Christentum im römischen Staat, Klein, Richard (Hrsg.), Darmstadt 1971, S. 302-336.

- Lefévre, Eckard, Argumentation und Struktur der moralischen Geschichtsschreibung der Römer am Beispiel von Livius' Darstellung des Beginns des römischen Freistaates, in: Lefévre, Eckard/Olshausen, Eckhart (Hrsg.) Livius Werke und Rezeption, Festschrift für Erich Burck zum 80.Geburtstag, München 1983, S. 31-57.

- Lietzmann, Hans, Geschichte der alten Kirche, Bd. II, 2. Aufl., Berlin, 1953.

- Mirkovic, Miroslava, Sirminun – its History from the I Century A.D. to 582 A.D. in: Popovic, Vladislav (Hrsg.), Sirminum. Archaelogical Investigations in Syrmian Pannonia, Bd. 1, Belgrad 1971, 5-90.

- Mommsen, Theodor, Der Religionsfrevel nach römischem Recht, in: Gesammelte Schriften, Bd. 3, Berlin 1907, S. 389-422.
- Pietri, Luce (Hrsg.), Die Zeit des Anfangs (bis 250) in: Die Geschichte des Christentums, Bd. I, Freiburg 2003.

- Sage, Michael, M., The Persecution of Valerian and the Peace of Gallienus, Wiener Studien 96, 1983.

- Schwarte, Karl-Heinz, Die Christengesetze Valerians, in: Eck, Werner (Hrsg.), Religion und Gesellschaft in der römischen Kaiserzeit, Köln 1989, S. 103-163.

- Sordi, Marta, Die „neuen Verordnungen" Marc Aurels gegen die Christen, in: Klein, Richard (Hrsg.), Marc Aurel, Darmstadt 1979, S. 176-196.

- Sotgiu, Giovanna, Treboniono Gallo Ostiliano Volusiano Emiliano, 1960-1971, in: ANRW II 2, 1975, S. 798-802.

- Wlosok, Antonie, Die Rechtsgrundlagen der Christenverfolgungen im römischen Reich der ersten zwei Jahrhunderte, in: (1959) Klein, Richard (Hrsg.), Das frühe Christentum im römischen Staat, Darmstadt 1982, S. 275-301.

- Zeiller, Jaques, Institutum Neronianum. Hirngesprinst oder Wirklichkeit? (1955), in: Klein, Richard (Hrsg.), Das frühe Christentum im römischen Staat, Darmstadt 1982, S. 236-243.

IX./2.4 Zeitschriften und Jahrbücher

- Alföldi, Andreas, Über die Verfolgung unter Valerian, Klio 31, 1938

- Bludau, Augustinus, Die ägyptischen Libelli und die Christenverfolgung des Kaiser Decius, Römische Quartalschrift, 27. Supplementheft, Freiburg 1931.

- Eck, Werner, Das Eindringen des Christentums in den Senatorenstand bis zu Konstantin dem Großen, Chiron 1 (1971).

- Freudenberger, Rudolf, Der Vorwurf ritueller Verbrechen gegen die Christen im 2. und 3. Jh., ThZ 23, 1967, S. 97-107.

- Herrmann, Peter, Überlegungen zur Datierung der Constitutio Antoniniana, in: Chiron 2 (1972), S. 159-530.

- Lürmann, Dieter, Superstitio – die Beurteilung des frühen Christentums durch die Römer, ThZ 42, 1986.

- Krzyzanowska, Aleksandra, Macrianus, usurpateur du temps guerres Perses dans les èmission monètaires, in: Revue numismatique, Serie 6,10 1968, S. 293-396.

- Schwarte, Karl- Heinz, Das angebliche Christengesetz des Septimius Severus, Historia 12, 1963, S. 185-208.

- Schöllgen, Georg, Ecclesia sordida? Zur Frage der sozialen Schichtung frühchristlicher Gemeinden am Beispiel Karthagos zur Zeit Tertullians, JbAC Ergänzungsband 12, Münster 1984.

- Speyer, Wolfgang, Zu den Vorwürfen der Heiden gegen die Christen, JbAC 6, 1963, S. 129-135.

- Vogt, Joseph, Die Sklaven und die unteren Schichten im frühen Christentum, in: Sklaverei und Humanität, Studien zur antiken Sklaverei und ihrer Erforschung, Historia Einzelschrift 44, Ergänzungsband 1983.

X. Impressum

Abbildungsnachweis: Cover: Altarnische im Pantheon, Rom; S.9: Decius, MC 482, Collezione Albani, Kapitolinische Museen, Rom, (CAKMR); S.32: Maximinus Thrax, MC 473 (CAKMR); S.37: Septimius Severus, S 364 (CAKMR); S.41: Trajan, MC 438 (CAKMR); S.78: Alexander Severus, MC 480 (CAKMR); S.80: Elagabal, MC 470 (CAKMR); S.168: Gallienus, MC 360(CAKMR); S.76: Kopf der Isis, S 703, Kapitolinische Museen, Rom (KMR); S.184: Konstantin, S 791, (KMR); Fotos: Autor; S.65/66: RIC 16 (c), Antoninian des C. Messius Quintus Decius, 249-51 n. Chr., Foto: Lew Kamrath

Printed in Poland
by Amazon Fulfillment
Poland Sp. z o.o., Wrocław

25210026R00122